AF215213

9 783746 091037

Bibliografische Information der Deutschen Nationalbibliothek:
Die Deutsche Nationalbibliothek verzeichnet diese Publikation
in der Deutschen Nationalbibliografie; detaillierte bibliografische
Daten sind im Internet über http://dnb.dnb.de abrufbar.

© 2013   JANUS DONATH

Herstellung und Verlag:
BoD – Books on Demand, Norderstedt

ISBN: 9783746091037

Das sanfte Scheitern der Männer

Einleitung zu einer Gedichtsammlung über Männer, die ihre Illusionen
gegen ihre Erfahrungen zu schützen und zu retten versuchten und dabei strauchelten.

Zum Beispiel:
Nennen wir ihn Herrn Schoeller, einen etwas untersetzten
Herrn. In den besten Jahren, selbstbewusst, höflich, bei
Bedarf auch charmant zu den Frauen, die er fast alle
verehrt, schaut in den Spiegel und lächelt sich zu.

Gut gelungen, das meint er aus seinen Gesichtszügen und
seiner Mimik herauslesen zu können. Er flirtet ein wenig
aufmunternd mit sich selbst und streicht sich über sein
grau gewordenes volles Haar. Alles ist noch gut in Schuss,
er will nicht klagen, zumal er immer um zehn Jahre jünger
geschätzt wird und Erstaunen hervorruft, wenn sein
wirkliches Alter herauskommt.

Gut, sein Gewicht konnte er nicht halten, es eilt ihm
sichtbar voraus, aber mit etwas Geschick kann er
Profilansichten verhindern und enge Kleidung vermied er
schon lange. Da er von hinten eine schlanke Silhouette
bietet, ist sein erster Eindruck der eines junggebliebenen
Mannes im reifen Alter. Diese ihm innewohnende
Spannung zwischen Anschein und Wirklichkeit nutzt er
geschickt für kleine Überraschungen, die ihn im Gelingen

umso eher wieder mit seiner Realität konfrontieren, weil er die Anstrengungen dafür nicht mehr durchzuhalten vermag. Sein Einschätzungsvermögen ruht auf einem breit angelegten Erfahrungsschatz aus Intuition und rollenstabilisierten Verhalten, man glaubt ihm zunächst gerne, was er sagt. Eigentlich fühlt er sich immer sicher, erfolgreich, stabil geerdet, vorausschauend und überwiegend im Recht. Und doch...

Mit seinem sich immer wieder erneuernden Optimismus und seiner durch fast nichts zu erschütternden Zuversicht durchlebte er die Jahre des jungen, männlichen Erwachsenenlebens. Begleitet von Erfolg nahm er sein zukünftiges Leben als eine vielversprechende Zeit wahr, in der er seine Wünsche, Interessen und Ansprüche erfüllt sehen wollte. Und doch...

Mit Trennung wollte Schoeller umgehen können, sich retten, bevor sie ihn überwältigt hatte. Seine Belastungsgrenzen kannte er gut und er wachte sorgfältig darüber, dass ihn nichts endgültig beschädigen konnte. Am Boden liegen, nichts mehr können und in Verzweiflung sich winden und hadern, wehrlos ausgeliefert sein, weinen und um Hilfe bitten, das war nichts für ihn, das schaute er sich im Kino an.

Und doch…

Tief in sich spürte er dann einen Druck aufsteigen, manchmal konnte er nicht verhindern, dass ihm im Dunkeln Tränen in die Augen schossen, die er sich nicht weg zu reiben traute, er ließ sie vertrocknen. So sickerte seine Erlebniskraft nur bis an die von ihm gesteckten Grenzen, darüber hinaus wurde er trocken, rational, realistisch und freundlich kühl. Nicht, dass der Eindruck aufkäme, Herr Schoeller traue sich nicht viel! Nein, er war abenteuerlustig, neugierig und sehr beweglich. Riskante Vorhaben gefielen ihm und er plante sie mit Vergnügen. Er führte sie oft selbst aus. Da sie ihm fast immer gelangen, hatte er viel Freude daran und manchmal freute er sich diebisch, dass ihm etwas gelungen war, von dem andere nur träumten. Er war gerne Regisseur seiner Abenteuer, er konnte zielführend und anhaltend seine Pläne verfolgen und durchsetzen.

Herr Schoeller hatte sich ein Selbstbewusstsein aufgebaut, das auf Anstrengung, Kalkül, Fleiß und Zähigkeit seine Machbarkeitspotenz entfaltete, so dass ein Scheitern nahezu auszuschließen war.

Und doch - hin und wieder war er irritiert, verlegen nach einer Erklärung suchend. Er rang mit sich, sein Straucheln unsichtbar werden zu lassen.

Straucheln, nicht weiterwissend, überrascht und getroffen, überrumpelt oder belogen sein, getäuscht, hintergangen und beschädigt sein, nein, ein no-go, terra incognita, Fremdland, für ihn die Hölle.

Seit er im jetzt reiferen Alter seiner Endlichkeit gewahr wurde, nötigte ihn sein verbliebener Scharfsinn, seine Veränderungen zu bemerken. Lange hat er nicht gespürt, wie nah ihm manche Begegnung gekommen war, wie schmerzlich ihn eine Enttäuschung getroffen hatte, wenn er fast naiv und gutgläubig nur auf sich selbst weiter vertraut hatte.

Sein Straucheln hat ihn vorsichtig werden lassen, er geht jetzt mehr dem Boden zugewandt, um nicht zu fallen, schaut öfters vor sich statt siegessicher voraus. Sein Gang hat etwas Zögerliches, Langsames angenommen. Breiter als früher setzt er die Füße und seine Hände sind leicht gespreizt geöffnet, als wollten sie den Fall des Körpers, der Seele vermeiden. Seine vertraute und alte Selbstgewissheit erreichte ihn nicht mehr, in aufkommendem Zynismus begann er ihr Verschwinden zu beschimpfen.

Zum ersten Mal fehlt ihm wirklich etwas, von dem er zuvor nicht ahnte, dass er es einmal verlieren könnte: sein Vertrauen in die Menschen, in sich selbst. Zweifel und Ursachenakribie beschäftigen ihn in seinen wachen Stunden, sein Schlaf wird unruhiger, traumtrunken und quält ihn als misslungene Flucht ins Vergessen.

Herr Schoeller beschloss in der ihm eigenen Art, diesen Zustand in einem kreativen Akt wieder selbst zu steuern. Er entschied, in jedes sich ihm bietende Tal seiner Trauer besonnen einzuschwenken, es auszuforschen, zu durchleiden und zu kartographieren.

Zu seiner Verwunderung war es Arbeit, sich auf die vergangenen Ereignisse zu besinnen, an denen er teilhatte, und deren Ausgang ohne vorauseilende Rechtfertigungen zu betrachten.

Er schaute gleichsam sich selbst zu, wie er von einem Erlebnisstrom durch die Jahre getragen wurde ohne Ahnung davon, dass er schon lange nicht mehr alleiniger Herr der Lage gewesen war. Wie im Schlaf hatte er sich durch seine vitalen Jahre bewegt, hatte geliebt, gefordert und gesteuert. Heute sieht er sich ein Steuerrad in der Hand halten, das seine Drehungen wirkungslos in eine schnurrende Achse übertrug, wie es kleine Kinder an ihr Dreirad geschraubt bekommen. Von hinten wurde er mit einer Stange geschoben, von denen, die wirkendes Sagen haben. Die passenden Geräusche entstanden aus seiner unentwegten Geschäftigkeit.

Herr Schoeller, der von nun an ein Ahnender werden sollte, begann den Umbruch seiner menschlichen Entwicklung in umsichtigen Bewegungen zu vermessen, in Worte zu fassen.

Er klagte, bis er spürte, dass es seine Illusionen waren, die er so sorgsam gehütet und eingesperrt hatte. Dass es die Illusionen seiner Eltern waren, die er, von ihnen beauftragt, zu verwirklichen hatte, sie hatten sie ihm hinterlassen als Visionen seiner Zukunft. Erinnerte sich, dass er für diese Visionen immer die passenden Partner gesucht und gefunden hatte. Bis ihnen und auch ihm die Lust vergangen war, an leblose Illusionen weiter kostbare Zeit zu verschwenden.

Herr Schoeller strauchelte immer wieder, aber er lächelte und bekannte sich mit der Alterskraft des Verzeihens zu seinen alten und neuesten Irrtümern. Sein Scheitern war sanft, aber unabwendbar deutlich. Er hat seinen Preis dafür entrichtet.

Um es sich nicht schwer zu machen, hat er uneinlösbare Wünsche für sich behalten, mit niemandem mehr voreilig teilen wollen und können.

Er wird lange Reisen machen und viel über sich und alle die Menschen noch nachfühlend sinnen können, denen er begegnen wird.

Herr Schoeller ist als Gast sehr beliebt, als gelegentlicher Liebhaber unvergesslich charmant und man kann ihn liebgewinnen, wenn er einen mit seinen freundlichen Blicken zum Lächeln einlädt. Er hat sich verziehen und stellt keine quälenden Forderungen mehr an sich und andere, er ist präsent, hat vergangene Erwartungen ins Leere laufen lassen, manchmal er ist einfach nur noch da.

Aus diesen Rückblicken entstand ein Erzählband in Prosaform über das Straucheln in vermeintlicher Selbstbestimmung, die begleitende Gefühle, eine Kartographierung der Hybris und der unerbittlichen Erdung des Herrn Schoeller als Akteur.

Es gibt viele Schoellers, auf die Erdung wartet. Lesen Sie gemächlich los, lassen Sie sich Zeit für einzelne Zeilen, die Sie selbst geschrieben haben könnten.

Im Rahmen der "me-too" - Bewegung sind einzelne Männer durch die Aufdeckung ihres Machtmissbrauchs aus ihrem Machismo-Gehabe hart aufgeschlagen.

Alle Klügeren haben jetzt Chancen, sich frühzeitig mit dem sanften Scheitern als zukünftige Beziehungsform vertraut zu machen und zu befreunden.

KAPITEL

Inzwischen dazwischen

1. Herr Schoeller kommt

Ankunft

Dank

Körperlich

Nähe

Der Schrei

Bitte einen Kaffee

Verschleiert

Wieder zurück

Inzwischen dazwischen

2. Herr Schoeller und die Kinder

Begegnung

Augen

Kinder

Muttermilch

Vertrauen

Samenkorn

Namen los

3. Herr Schoeller geht

Abschied

Abends

Noch einmal

Eigentlich

Zeit der Gefährten

Sehnsucht

Verlust

Das Ende

4. Herr Schoeller sucht

Aber natürlich

Der Tor

Illusionen

Lernen ist Abschied nehmen in Lektionen Warten

Zeit

Frisch eingetroffene Bedenken

5. Zwischen ahnungslosen Ansichten

End-Sorgen

Reaktionen

Wichtig sein – oder Lückenfüller

6. Dazwischen liegen Herrn Schoeller´s Reklamationen

Strom der Liebe

Leben aus einem Guss

Vom Schweigen und Verbergen

Warten, bis man weiß

7. Zwischen Abkürzungen ist nichts, Herr Schoeller –

Lüge dich ins Geständnis

Vorbei

Ein Ende ist schwer allein zu finden

Wertvolle Zeit

Die Hälfte der Erinnerung ist ausgezogen

8. Herr Schoeller erkennt dazwischen

Anverwandlung

Allein zu Zweit

Vorzug sucht Rückzug

Fassungslos – Carpe diem

So eilig gewendet

Zu Gast bei sich selbst

Hymne an das Leben

Durchhalten oder Beidrehen – aufgeben können

9. Inzwischen dazwischen – und nicht mittig

Klartext

Versäumnis

Bitter – süß

Aufbruch und Weg

Anspruchslos

Wo er wirklich ist

Frei – von

Nachher ist anders – juche

1. HERR SCHOELLER KOMMT….

ANKUNFT

Zeit der Erwartung, Bilder der Freude.
Sie wird lang, gießt sich in Stunden.
Ankunft ist Vereinigung, ist Kommen.

Ankunft verlangt Aushalten.
Bewegung von mir zu dir.
Bereitsein für den Anderen.

Warten in Qual und Freude.
Gewissheit treibt das Herz
Über die Abgründe der Zweifel.

Ankunft ist die Zeit der Entbindung
Einlassen in Welt.
Ankunft ist verlassene Abkunft.

Ankunft lässt den Abschied versinken.
Ist der Beginn des Lebens,
Trägt die Chancen der Erfüllung in sich
Ankunft ist Ende des Wartens
Das Ziel der Reise durch Fremde.
Ankunft ist der Kern des Vertrauens.

DANK

So viel ist geschehen -
Mannigfaltig haben wir uns tauschen dürfen.
Erfüllt von den Stunden der Nähe
Kommt der Wunsch nach Dank.

Der Duft, der Blick, die Berührung,
Die Bewegung, die Geste, die Einladung,
Das Begehren, die Begegnung wurden wahr
Und zeugen diese Danksagung.

Beschenkt, unverdient, aber selig,
Nehme ich offenen Herzens
Dich, Die Du Dich mir so vertrauensvoll näherst,
Zum Geschenk geworden aus Liebe.

Eingebunden in den Glauben an die Liebe, Menschlichkeit
dargeboten und gekostet,
Verwandeln wir unsere Existenz
In lebendigen Dank.

Dank Dir, dass es wahr werden konnte,
Dass ein erfülltes Herz den Schmerz vergaß,
Die Augen überflossen in Freude
Im Dank an dieses Leben mit Dir.

KÖRPERLICH

Herangleiten, Anschmiegen, Fühlen
Wie Sahne, mild, weich, warm,
So findest Du mich wieder an Dir.

Unter Deinen suchenden Händen,
In Deinen bergenden Armen,
An Deinem Herzen erwarte ich Dich.

Jede Bewegung gibt und nimmt zugleich.
Schenken, Überlassen, Halten und Formen
Werden im Austausch erst zur Lust.

Spannungen fordern Hinwendung –
Einfühlend erahne ich Dein Verlangen
Verstehend folge ich Deinen Spuren.

Der Duft, die Wärme der Haut, das Herzklopfen
Sind Botschaften des Glücks,
Das unser Körper uns schenkt.

Gesten, Muttersprache des Körpers,
Werden zu Antworten auf ein Verlangen,
Das über unsere Worte weit hinausreicht.

NÄHE

In Nähe schmelzen
An Nähe brennen
Vor Nähe vergehen
Nähe sein, näher sein - ewige Suche!
Nähe überwindet
Legt nahe, macht Gelegenheit
Gebiert Begegnung
Forciert Entscheidung.

Nähe bindet.
Nähe wandelt.
Gibt preis, was Ferne birgt.

Nähe macht warm.
Nähe ist heiß
Treibt in Enge
Heiligt Ferne
Stillt Sehnsucht.
Nähe ist Atem

Lächeln, Duft und Leichtigkeit, Schwere,
Ruhe, Zeit, Schlaf, Vertrauen, Offenbarung.
Auslieferung, Geborgensein und Nähe ist Berührung
Wirkende Bewegung Von Dir und mir.

DER SCHREI

Murmeln, Sprechen, Stöhnen, Schreien,
Laut geben von sich.

Mich vernehmen lassen und sicher werden,
Dass es mich gibt.

Es steigt vom Urgrund auf
Belebt die Anderen.

Zeugt Mitteilung, weckt Verständnis.
Verklingt oft ungehört im eigenen Atem.

Der Schrei der Geburt, der Urschrei
Die Verwandlung von Erleben in Ausdruck

Wiederholt sich in elementaren Situationen,
In Ankunft, Glück und Tod.

Der Schrei bleibt uns, wenn Worte gehen.
Das Gefühl des Lebens ist stärker

Als der Versuch seiner Rechtfertigung.
Es ist der Schrei der Ankunft.

BITTE EINEN KAFFEE

Dass es das noch gibt –
Zwischen all' dem lauwarm netten Volk
In Qualm, Bierdunst und Rockgedröhn
Geht ein Licht auf, wird es hell.

Freundlich energisch bahnt sie eine Gasse
Der Blick gilt nur dem Ziel
Eigentlich sollen Tablett und Ware ankommen
Aber dann kommt sie.

Auch wenn Du einen Kaffee bestellst
Irgendwie ist da Sorgfalt drin.
Und wenn es schnell gehen muss
Ihre Bewegungen faszinieren mich.

Doch, einen kleinen Blick bekam ich schon Wenn auch er
gleich dem höheren Zwecke diente. So fährt sie auf dem
Rad durch die Stadt
Ihr Kind sorgfältig an sich gebunden.

Sorgfalt und Zentrierung
Die Ziele schon vor sich
Möchte man sie beiseite nehmen
Und Liebhalten dafür.

Inzwischen hat das warme Licht Inmitten grauer
Gleichgültigkeit Seinen Glanz in meinem Herzen
Auch wenn ich im Schatten stehe.

Vergeblich suchte ich nach einem zarten Band
An dem ich sie zupfen könnte und sagen,
Dass sie ihr Licht nicht verbergen kann
Ihr es doch aus allen Winkeln leuchtet.

So könnt' ich warten und immer hinsehen
Und mich freuen an ihr.
Wie schön sie ist, wenn sie glücklich strahlt
Verrat ich Dir - aber
Wie viel Kaffee soll ich noch trinken?

VERSCHLEIERT

Ihr gegenüber ruhend siehst Du sie sein.
Den Blick eine Spur verschleiert,
Weder innen noch draußen,
Wartet sie auf sich selbst.

Öffnest Du Dich ihrem Wesen
Dann braucht sie Deine Geduld,
Damit es ein Geschenk wird
Wenn sie sich Dir gibt.

Ein kleiner Moment nur ist es
In dem es geschieht.
Ein warmer, teilender Blick
Trifft Dich unversehens genau.

Banges Interesse teilt sie Dir mit:
Wirst Du mir wehtun,
Wenn ich Dir sage,
Wie viel Zeit ich brauchen werde?

Ich möchte alle Zeit haben
 Um sie in meinen Augen zu weiden.
Jedes kleine Fältchen
Soll erblühen in unserer Lust.

Doch sie wird auch gebraucht
Soll stehen zu sich als Frau.
Die Schonzeit verzehrt
Möcht' ich eine Antwort jetzt, genau!

WIEDER ZURÜCK

Außer Atem, noch ganz abhanden
Von so viel Nähe und Wohlsein.
Im stillen Gewähren angelehnt
Eins geworden und auf dem Weg zurück.

Aus den Weiten größter Nähe wieder zurück
Verloren in Momenten mit Dir.
In dichter Hitze das Äußerste geschenkt
Möchte ich einfach ruhig sein.

Es bleibt eine Schwäche davon.
Wie finde ich mich wieder?
Wo ist der Ort, an dem ich mich verließ,
Um anzukommen bei Dir?

Die zarten Momente brauchen Schutz
Vor eiligem Aufbruch.
Sie wollen reifen
In einfältiger Ruhe.

Wieder zurück, zu mir gelangt
Finde ich die Kraft
Die mir geschenkt ist
Durch Deine leise Geduld.

INZWISCHEN DAZWISCHEN

Nicht mehr jung, auch nicht alt genug,
Um Ruhe zu geben - dazwischen, überall dazwischen.
Inzwischen steh' ich drauf.

Jetzt geht es jederzeit los
Oder auch nicht, dann eben später.
Schnittpunkt-Dasein, ich kann warten,

Dass es überhaupt dazu kommt.
Inzwischen ist Hauptsache
Dass es nebenbei passiert.

Es kommt mir mehr dazwischen,
Seit ich die Seiten sehe,
Auf denen früher nichts stand.

In Ihren Armen hält sie das Kind in mir.
Glück und Trauer - Tränen von beidem
Dazwischen Momente der Angst.

Inzwischen, jung und alt zugleich
Wissend und doch hoffend,
Dass die Zeit rinnt und eben zögert.

Wenn Glück in den Augen steht
Warte ich, dass es so bleibt
Dazwischen.

2. HERR SCHOELLER UND DIE KINDER
BEGEGNUNG

In der Ahnungslosigkeit der frühen Jahre
In der Verlassenheit und dem Hunger
Ist das Wichtigste versunken
In flüchtig gieriger Suche nach dem Erstbesten.

Vom Zweitbesten trunken in den Lauf gezwungen Verliert
sich Leben in Gewöhnung und stumpfem Sinn.
Wiederholung, immer mehr von Gleichen
Treibt das Rad der Jahre träge weiter.

Es bleibt eine feine, zarte Melodie.
Sie mischt sich unter die Dissonanzen,
Wird immer von neuem Alten zugedeckt.
Ausgezehrt und erschöpft kehrt sie wieder.

Die Augen von Kindern singen sie,
Bis die Zeit der Enttäuschung zu lang geworden ist.
Aber die Erinnerung ist unauslöschlich,
Die Bereitschaft schwelt weiter.
Sie ist es, die absichtslos strahlt, sich geduldig erneuertauf
den Tag hin, an dem ihr Antwort geschenkt wird,
Erkennen gezähmt sind in einem beseelten Blick der
Begegnung.

AUGEN

Vorhanden, noch ungerichtet haschen sie
Die ersten Bewegungen der Mutter.
Später suchen sie, in Erfahrung sicher,
Was Nähe, Trost, Friede und Wohlsein schenkt.

Augen überbrücken Entfernung,
Sind Pforten zu seligen Augenblicken.
Verletzbar wie nichts anderes
Sind sie das erste, was wir schonen.

Im Schreck, im Schmerz und der Hinnahme Verschließen
sich die Augen in einem Antlitz
Voll Ertragen, Auslieferung und Bereitschaft.
Der nächste Blick ist geläutert.

Augen erzählen von Hoffnungen und Wünschen Von
Glaube und Zweifel,
Von Scham und Stolz.
Blicke werden gebrochen an der Wirklichkeit.

Auch Augen werden älter.
Mit den Augen verletzen wir,
Können wir eindringen,
Unterwerfen, verhöhnen, ausweichen und nehmen.

Wir können sie widerspiegeln lassen, sie weiden
Oder ruhen und versinken lassen im Blick des Andere.
Mit den Blicken streicheln, umfahren -
Was Du bekommst, das siehst Du.-

Das weitere bleibt unsichtbar verschlossen
Ohne Nähe, Einfühlung und Hingabe im Vertrauen.
Die Augen der Jungen suchen, was die Alten erzählen Der
Glanz der Hoffnung vertrübt an der Erfahrung,
Es bleiben Blicke ohne Kraft in der Begegnung.
Augen strahlen, wenn sie etwas spüren.

KINDER

Gezeugt in Lust
Oft ohne Absicht,
Ausgetragen oder abgetrieben.
Die erste Entscheidung.

Erfahren als Last,
Durch Unschuld beschützt
Geliebt oder geschlagen.
Die zweite Entscheidung.

Erlebt als Aufgabe ,
Als Geschenk gesehen.
Angenommen oder auferlegt.
Die dritte Entscheidung.

Geliebt im Werden,
Gelassen im Sein.
Geachtet oder verehrt.
Die vierte Entscheidung.

Aufgehoben in der Erinnerung
Gehen sie ihren Weg,
Haben selbst Kinder
Und entscheiden sich auch.

MUTTERMILCH

Heimat kannte er nicht in der Fremde.
Wuchs auf an der Brust der Mutter.
Dort flieht es ihn hin.
Stillt den Hunger und die Sehnsucht.

Stolz füllt die Mutter seinen Mund
Mit ihrer Milch, Muttermilch.
Immer ist sie bereit, Muttergeduld.
Der Vater glaubt es kaum, Vaterstolz.

Da sitzt sie in einer Männerrunde.
Ihre Brüste straffen sich noch nach fast zwei Jahren.
Unter all' den Blicken lässt sie das Stillen geschehen
Als sei die Sehnsucht nicht überall.

Wie sie verstohlen das Stillen neiden
Partei dafür ergreifen und rechtfertigen
Was die eigene Mutter nicht vollbrachte.
Trauriger Neid fließt aus ihren Augen.

Die alten Zeiten werden wieder lebendig.
Verborgene Wünsche regen sich.
Vergeblich wird es bleiben
Gestillt zu werden mit Muttermilch.

VERTRAUEN

Das Geschenk der Kinder.
Die Not der Hilflosen.
Die Sehnsucht der Liebenden
Ist eine Gabe von Herzen.

Das erste Vertrauen ist das Zerbrechlichste.
Gebrochene Vertrauen sind Wunden,
Die langsam nur vernarben.
Sie kosten Lebenskraft.

Vertrauen schenken ist Hingabe
An Gott in Dir -
Dass Du mich nähmest
An seiner Stelle.

So fühlst Du Dich gerufen,
Zu wagen Dein Vertrauen.
Du selbst wirst einst rufen,
Wenn Du einen Vertrauten suchst.

SAMENKORN

Mühsam die eigene Kinderzeit -
Fast tödlich der Verlust der Illusionen.
Schmerzlich alle Wiederholung - Sieh' Deine Kinder an!

Alles willst Du bessern.
Manches schaffst Du auch
Wenig bleibt zuletzt.
Geschenk an Deine Kinder?

Die Kette zerreißen -
Das Leid der Kinder lindern,
Schenken, was Du selbst nicht bekamst.
Deine Kinder nehmen es wie das tägliche Brot.

Und dann siehst Du ein Zeichen.
Die Frucht Deiner Liebe geht auf.
Eine kleine Hand schenkt Dir eine Rose.
Für Dich, Papa, hab' ich vom Taschengeld gekauft.-

Du könntest schreien vor Glück.
Die Kette ist zerrissen!
Die Liebe, das tägliche Brot für Kinder
Macht uns selbst noch stark.

NAMEN LOS

Du kommst zur Welt zwischen Vater und Mutter, namenlos.
Beide schenken dir einen Vornamen, der dich einhüllt,
Dein Wesen, deine Zukunft, Dein Werden zu dir selbst.

Mit ihm darf der spielen, der ihn in Liebe formt und biegt.
Dein Nachname sicherte über Generationen Identität
Von wem du stammst, hervorgebracht und großgezogen wurdest.

Deine Unterschrift, deine Herkunft ist Bürgschaft.
Sie wirkt über deine Zeit hinaus als ein Versprechen
Dich wiederzufinden, als einmalig, persönlich und wirkendes
Gegenüber.

Deine Versprechen halten, einstehen mit deinen Namen.
Garant für Zuverlässigkeit und Bestand, Träger eines Auftrags sein,
Der sich ursprünglich entwickelte, fortsetzt und entfaltet.

Mit deinem Namen sind Versprechen verbunden und gebrochen
worden.
Auch Du hinterlässt eine Spur, an der man dich erkennen wird.
Aus dem früheren Brauch, den Namen des Ehemannes
anzunehmen,
Erwuchs für Frauen und Männer die Freiheit zum
Namenswechsel.

Jetzt entscheiden Modernität, Emanzipation des Wählers, Klang
und Kürze, Häufigkeit oder Bedeutung des Namens über dessen
Aus-Wahl.

Abgewählt wird, was lange genug nicht passte, missfiel oder störte.

Befreiung, Entledigung, Abbruch aus einer Herkunft hin zu einem Neuen, mehrversprechenden, selbstgewählten, angenommenen, Praktischen, wohlklingenderen und erstrebten Namen unter einem neuen Dach.

Vergangenheit war, wonach Zukunft sich nicht mehr richten muss.

Des Kaisers neuer Namen erfüllt den Wunsch nach Neuanfang.
Zuerst ein mutiger Schritt, ein Kompliment in neue Richtung
Dann die Verkündigung der Botschaft, man hieße nun anders,
Der Abgleich von Botschaften und Erwartungen aus der Umgebung,
Die Spaltung bei Überraschten in Einverständige, Spötter oder Ablehner.
Fragen stehen schweigend in den Raum, bis sie umfallen und entsorgt werden.
Was bleibt und die Zurückbleibenden versöhnt, das ist der Vorname.
An ihm bleibt man verbunden wie mit einer Drachenschnur.
Man spürt den Zug seines Kindes, das aufgestiegen ist in den Winden,
Ohne zu wissen oder zu sehen und doch verbunden bleibt,
Bis eines Tages die letzten Meter verbraucht und verschenkt sind.

3. HERR SCHOELLER GEHT

ABSCHIED

Abschied - geben oder nehmen?
Gehen, scheiden, salü, adieu!
Für sich sein in Abgeschiedenheit.
Verabschieden, abbrechen, zögern, dennoch, endlich.
Abschied, Quelle der Besinnung.
Nähe verrinnt in Ferne.
Aufbruch, Beginn einer Entfernung,
Ende einer Zusammenkunft.

Abschied - wer bleibt?
Schmelzen im Erstarren, zurück?
Abschied bleibt immer, ohne Versprechen.
Ohnmacht, der Riss im Kristall.
Abschied, geschmiedete Übereinkunft,
Ende gemeinsamer Zeit.

Ausklang einer Schöpfung -
Abschied vom Uns .
Abschied, Zeit nach der Zukunft.
Einatmen, festhalten.
Anhalten, verharren, den Tod spüren.
Ausatmen, fallen, sich lösen -
Dich spüren und ihn verachten.

ABENDS

Der Tag war erfüllt mit Leben
Du warst ein Baustein im Gefüge der Stunden
Nahmst und schenktest Bedeutungen
Im Austausch mit anderen Suchenden.

Jetzt ist es Abend für alle
Und das Tor Deiner Nacht weitet sich
Hier musst Du hindurch, allein'.
Wie gerne spürtest Du eine begleitende Hand.

Du gibst nicht auf, sperrst Dich.
Suchst Ausflüchte vor dem einsamen Lager
In den Sammelstellen der Nacht, wo sie die Zeit totstehen.
Dort geben sie Dir den Hauch von Verstehen,

Das durch den Alkohol gelockert ist,
Bis es ausrastet und über Dich herfällt.
Dann erst bist Du richtig verloren.
Das Leid deiner Nacht, Trennung und Elend.

Den anderen geht es nicht besser.
Dazwischen die Beziehungsartisten,
Die sich überall ein Stück absäbeln.
Du spürst, dass Du besser jetzt gehst.

Statt Jäger zum Opfer geworden bist.
Den Gewohnheiten in der Angst erlegen
Schleichst Du Dich auf Deine Seite.
Der Abend war erfüllt - mit Elend.

Du warst ein Baustein im Gefüge der Stunden.
Nahmst und schenktest Illusionen
Im Austausch mit besserem Wissen.

NOCH EINMAL

Nach einem schrecklichen Ende
War es ein letztes Treffen.
Noch einmal nahmen wir vertraute Wege
In unserem Abschied uns zu finden.

Wie klar erschien, was uns zuvor verwirrte.
Im langen Warten abgekühlt
Konnten wir hinsehen auf unser Wirken
Das uns fast um den Verstand gebracht hatte.

Vorsichtig, liebevoll und sorgfältig
Breiten wir unsere Gedanken aus
Und lassen Licht in die Winkel fallen
Die im Dunkel der Enttäuschung lagen.

Verloren haben wir beide, das sehen wir jetzt
Einen Menschen, der sich mühte.
Gewonnen ist die Einsicht, ein Ende zu machen.
Noch einmal spüren wir unsere zögernde Liebe.

Noch einmal halten wir uns die Hände
Die so viel wissen und spüren
Dass wir in unserer Zeit einen Kampf
Gegen das Misstrauen verloren haben.

Noch einmal dagegen anzukämpfen,
Noch einmal zu hoffen,
Noch einmal sich lieben,
Noch einmal zu viel und zu schnell.

EIGENTLICH

In meine Arme wollte ich Dich schließen, eigentlich.
Aus Freude, dass wir uns wiedersehen.
Doch das Fremde zwischen uns lauert
Nach Bestätigung aus den Augenwinkeln.

Den Wein und die Wahrheit wählten wir mit Bedacht.
Gemeinsamkeiten suchend fanden wir Eigenheiten.
Frag' mich etwas von mir! Eine lange Pause war
Deine Antwort, eigentlich.

Über andere Menschen blickend kreisten wir langsam ein.
Ob es ein Wir geben wird, zukünftig? Diese Stunde der
Wahrheit Warf dein Netz über mein Fühlen
Wieder war alles zu spät, eigentlich.

Deine Wahl hast Du längst getroffen.
Dein mildes Licht wird Verlockung im Abgesang,
Dringt in mein Verließ aus den Sälen Deines Lebens. Dort liebst
Du ihn, gegen alle Vernunft, eigentlich.

Klarheit, Abstand, schon das Wichtigste vergeben.
Brechen wir auf, ich lächle, fühle mich wieder, dann Dich
Wie Du Deinen schweren Kopf aufruhst bei mir, erlöst,
Denn wir werden uns schreiben, eigentlich tröstlich.

Die Zeit Deiner Zähmung ist längst angebrochen,
Selbst führst Du Deine Fessel Dir.
Mir bleibt die Angst um Dein warmes Licht
Eigentlich auch um mich.

DIE ZEIT DER GEFÄHRTEN

Der Weg ist eng, die Richtung kreist
Wiederholung ist die Regel. Kommen
und Gehen verfließen.
Der Schlaf der Verzweiflung mildert die Qual.

Erst geschoben, dann gezogen
Durchmessen zwei Blinde enge Räume, verwickelte
Träume. Zusammen, gemeinsam, die Biegung ist vor und
hinter uns, Betrügt uns die Wirklichkeit bei offenen Augen.

Das Ende, Ankunft und Abschied verschmelzen.
Sterben klärt das Irren:
Sich trennen, loslassen, ablassen vom Anderen,
Das eint mit Menschen.

Es wird die Zeit mit den Gefährten.
Die Spur führt zum Meer.
Eine Hand auf Deiner Stirn, ein Mund an Deinem Ohr -
Dein Herz öffnet sich, wird weit.

Die Dünung hebt und senkt, wiegt,
Was längst für tot erklärt und vergessen war in Dir.
Es ist die sanfte Kraft der Liebe.
Mit ihr kommen sie, die Gefährten Deiner Zeit,
Begleiter Deines Wissens, Deiner frühen Ahnung.

Der Weg öffnet sich uns, das Ziel ist weit,
Doch Zeit wird gemeinsam.
Es ist die Zeit der Gefährten.
Wesentliches wird getan, Träume dürfen schlafen.........

Die Wendung ist geschehen. Gedanken hinterlassen Taten,
Deutlichkeit hebt den Schleier. Es ist die Zeit der
Begegnung.
Mit ihr entbrennt Verlangen, Zärtlichkeit und Innewerden,
Hellsichtigkeit und der Wunsch, sich im anderen zu teilen.

Die Zeit der Gefährten gilt es zu erfüllen,
Im Verweilen, in Liebe und im Verstehen.
Gemeinsam, zusammen fühlen wir die Zeit:
Sie steht, um zu enden, Du verweilst, um Dich zu wenden.

Chaos zerfällt in Wesentliches.
Die Zeit der Gefährten ist eigentlich
Tun ist endlich. Lassen notwendig
Sterben zu früh. Das Leben spät.

SEHNSUCHT

Du spürst sie zuerst ganz leicht
Beflügelt von den Erinnerungen, die noch wärmen.
Noch brennt in Dir die Berührung der letzten Tage
Das wortlose Versprechen, der Abschied.
Die Spuren altern rasch und verblassen
Die Wärme verfliegt,
Du beginnst eine Mauer zu spüren.
Und dann geschieht, was Du ahntest:
Du sprichst um Dich herum ins Leere.
Dein Weg zwischen Mitteilen und Schweigen
Verjüngt sich zu einem Pfad in Deine Richtung.
Du bist Dein Zuhörer geworden
Bis Du endlich schweigst. Die Mauer wächst.
Die Erlebnisse trocknen aus.
Die Antworten werden einsilbig
Du wirst langsam blind, stumm und taub.
Du erlebst ins Leere. Niemand teilt mit Dir.
Du findest selbst nicht mehr zu Dir.
Stein auf Stein wächst Dein Schweigen.
Die Gefühle verkapseln sich.
Du spinnst, sagen die anderen.
Sie haben recht, weil Du mauerst gegen das Vergessen.
Es wären da menschliche Antworten. Sie sind verschenkt.
Aber im Schmerz der Trennung gräbst Du in alten Zeiten.

VERLUST

Es ist mir etwas abhanden gekommen,
Dessen ich so sicher schien.
Wo mag mein Verlust
Gewinn geworden sein?

Gerade hattest Du es noch, da ist es schon weg.
Wer hat es Dir genommen? Hast Du nicht aufgepasst?
Nun suchst Du es, ich suche mit.
Doch beide sind wir blind.

Seht ihr nicht, dass Eure Füße darauf stampfen,
Was Euch vordem so wertvoll war?
Warum schweift Euer suchender Blick so weit?
Verlust macht dumm.

Verlieren, verlustig gehen, verloren haben.
Mit leeren Händen dastehen,
Die Augen voll Trauer,
In die sich Entsetzen und Trotz mischen.

Verlust, das ist Vergänglichkeit und Tod –
Mitten aus der Fülle des Lebens
Ist es zu spät.
Ist es aus und vorbei.

DAS ENDE

Ganz unmerklich schleicht es heran –
Aber wirklich, es hat einmal angefangen.
Selig die Zeit ohne Ende einen dünkt,
Erkauft mit dem Schmerz von heute!

Nichts Dramatisches, auch wenig Wichtiges,
Einfach zu Ende wie ausgelaufen,
So hat es mich erreicht, unverhofft, aber erwartet.
Es bleibt ein Nachklang voll unerreichter Möglichkeiten.

Das Suchen nach der Blindheit, den Ursachen
Schleudert mich im Kreis gegen mich selbst.
Der Teppich zwischen Hoffnung und erlebtem Glück
Geknüpft und zerrissen unter der Last des Absurden.

Hier bleibt einer, dort auch, allein-
Weil es beide wollen, den Mord am Wir.
Angebote von Freundschaft und Nie-vergessen
Machen die Abtreibung zur Totgeburt.

Es hätte ein Kind werden können,
In Liebe gezeugt, liebend erzogen,
Geboren in gemeinsamem Wollen.
Nun fressen es die Würmer am Ende.

4. HERR SCHOELLER SUCHT

ABER NATÜRLICH

Ein leiser frecher Blick war da zuerst.
Dann die Abweisung zur rechten Zeit.
So schnell geht es bei ihr nicht,
Nur die Telefonnummer gab sie mir.
Endlich wieder bei ihr - Herzklopfen.

Meine Augen führt sie über ihre Weide.
So viel, weich und warm, genug für immer.
Ich könnte es haben, aber natürlich.

Trauen kann ich ihr und mache wahr,
Was so lange schlief in mir.
Ich glaube es selbst kaum, doch es stimmt:
Alles könnte ich haben, aber natürlich.

Sie kommt mir entgegen, ich ihr auch.
Wir feiern die Nächte, die Tage und Jahre.
Warum nur nehme ich sie nicht, wie sie ist?
Ich könnte sie haben, aber natürlich.

Lieber versuche ich mich mit anderen
Und lerne so schätzen ihren Wert.
Aus der Ferne strahlt sie herüber
Ich könnte sie wieder haben, aber natürlich.

Was mich hindert, sie ganz zu halten?
Ich kann sie einfach nicht fassen.
Sie ist so nachgiebig weich und geduldig –
Aber natürlich ist es nicht!

DER TOR

Er liebt in die falsche Richtung
Als Verehrer ist er oft der Dumme.
Seine Kraft wird vorgespannt
Den Karren, den verfahrenen zu ziehen.

Er gibt sein Blut und nährt damit
Das Vergnügen hohlen Hochmuts. Dann gibt er zu sehen
Wie man sich an Torheit blutig stößt.

Geschickt wird sein Wirken in den Fluss
Der eigenen Werte und Bedeutsamkeiten eingeschleust.
Die Gunst der flüchtigen Stunde leiht ihr neuen Glanz
Und wieder kommt sie um sich selbst herum.

Da steht der Tor, seine Gefühle am Bettelstab
Der Lächerlichkeit des Siegers preisgegeben
Fest auf seinem Platz und
Löhnt für heimlichen Spott.

Doch ich sage Euch: der Tor ist ein Mensch,
Dem zu antworten, weil er glauben will,
Für andere unmöglich wird.
Er bleibt blind für die Realität des Siegers.
Wie sehr ich ihn liebe!

ILLUSIONEN

Illusion und Zweifel sind Brüder
Liebe und Angst ihre Eltern,
Verlust und Trennung das Gesetz ihrer Zeit.

Sehnsucht nach Reinheit, Vollkommenheit und Kraft
Treiben die Wahrheit in die Enge,
Bis der Wunsch nach Unendlichkeit
Den Ausbruch fordert.

Was bleibt, sind Stücke, Momente,
Erinnerungen an ein Glück.
Der Schmerz zerborstener Sehnsucht,
Die Wut der Schwachen, der Zweifel der Starken,
Die Hilflosigkeit früher Jahre.

Illusionen sind Rettungsringe im Meer der Zweifel,
Vollgesogen mit Sehnsucht nach Liebe.
Im Notfall sehen sie schön aus,
Versagen aber die verheißene Hilfe.

So bleibt es denn wahr:
Wir müssen selber lieben lernen.

LERNEN HEISST ABSCHIEDNEHMEN IN LEKTIONEN

Eigentlich glauben alle, Lernen sei Zugewinn,
Vermehrung von Wissen, Können und Erleben.
Aus dem Urzustand totaler versorgter Ahnungslosigkeit
Zieht uns das Leben in das Allein-Sein.
Die erste Täuschung.

Wir müssen lernen, dass es bald nichts umsonst gibt,
Dass alles seinen Preis hat.
Wir müssen lernen, dass andere das Gleiche wollen,
Was es für alle nicht geben kann.
Die zweite Täuschung.

Lernen heißt Abschied nehmen von der Unschuld der
Ahnung: Zwingt zur Verantwortung oder in Schuld.
Gegenüber Notwendigkeiten, die Wissen nahelegen.
Lernen ist Zugewinn an Einbindung in ein System,
In dem ich immer weniger vorkomme.
Die dritte Täuschung.

Lernen treibt in Entscheidungen ohne Rückkehr,
Entwertet alte Glückseligkeiten zu Träumen.
Hilft im Überleben der Jahre
Die Entfremdung erträglicher zu machen.
Die Vierte Täuschung.

Lernen ist Abschied nehmen.
Lernen ist Verhaltensänderung.
Lernen ist ein Dauerzustand von Verlust.
Lernen ist Vorbereitung auf den Tod.
Die fünfte Täuschung.

Lernen befördert an einen Endpunkt,
Treibt das Wissen in Ausweglosigkeiten,
Aus der Weisheit der letzte Schluss ist.
Erfahrung, Weisheit und Liebe kann nicht erlernen,
Wer sie nicht lebt.

WARTEN

Gedanken verknoten zu langen Reihen.
Ausschau halten, Bilder wandern lassen.
Bewegung sehen, irren, hoffen.

Zeit verschenken, Chancen geben. Trockenheit,
Dürre, Dürftigkeit nähren,
Damit Gefühle nicht verdorren.

Warten auf bessere Zeiten,
Auf den Strom der Ereignisse,
Auf die Quelle des Lebens, auf Liebe.

Trauer, Verzweiflung, Lähmung, Hoffnung, Lust, Entschluss
Wandeln auf schmalem Grat.
Warten in Geduld,
Qual und Reife zugleich,

Auf die Wende, die niemals geschieht – Ohne Dich!

ZEIT

Ankunft, Beginn - Ende, Abschied.
Dazwischen Zeit - wofür?
Zeit zum Verweilen
Zeit zum Eilen
Zeit zum Verfehlen
Zeit im Gelingen
Zeit für Leben.

Zeit zwischen Geburt und Tod
Nach Jahren gezählt, in Stunden erlebt,
In Sekunden vorüber, rinnt wie Sand.
Ist nicht zu fassen, vergeht.

Wer Zeit hat, hat sich.
Wer Zeit wegnimmt, stiehlt.
Wer Zeit braucht, braucht Zeit der Anderen. Wer Zeit
schenkt, liebt.

Zeit teilt Leben in damals und demnächst.
Bestimmt das Zu-früh und Zu-spät,
Verweist auf Hier und Jetzt.
Zeit ist immer...jetzt.
Es ist Zeit!

SCHOELLERS FRISCH EINGETROFFENE BEDENKEN

END SORGEN

Sorgst du dich um mich
Sorg ich mich um dich
Gebe ich mein Bestes
Bekomm ich Deins
Komm, wir tauschen.
Liebe ich dich ehrlich
Liebst du mich gefährlich
Brennst mich ab als Fackel
Als helles Leuchten gebe ich alles
Übrig bleibt zuletzt der Griff.

Du lässt die Hände sinken
Blind vom Fackelschein
Hitze lässt dich glühen
Viel zu nah zu schnell
Was bleibt sind Fragen.
Wo bist du geblieben?
Ginge es langsamer auch?
Was treibt dich so zur Eile?

Sind es die Sorgen?

Soll ich dir meine borgen?
Du hast schon manchen alten Griff da liegen.
Feuer entfacht und schnellen Brand.
Hast dich verschenken müssen unerkannt.
Es fehlte der richtige Augenblick,
Zu sehen, wer du bist und was du willst.

Jetzt geht es ans Entsorgen.
Weg die alten Griffe, freie Bahn.
Alte Feuer sind nicht geheuer,
Neue müssen sein
Wo sind die Zünder?
Was bleibt vom Lieben,
Ist tot nach dem Gebrauch.

Wird als Erinnerung entsorgt
Wie die alte Kleidung eines Toten,
Die anzuziehen sich niemand traut.
Millionen Menschen haben einmal geliebt, Sind längst
schon unter der Erden.
Die Erinnerungen sterben langsam auch.
Im Himmel wirken gute Taten ewig weiter,
Nichts davon wird dort entsorgt.

REAK|TIONEN

VERLOREN IST.... | *....UND GEBLIEBEN IST...*

VERLOREN IST....	....UND GEBLIEBEN IST...
Die Süße der ersten Begegnung.	Verrat gemeinsamer Geheimnisse
Das gemeinsame Geheimnis darum.	Zur Tilgung der verspürten Schuld.
Die Wiederholung und ihre Bedeutung.	Der Kredite für geliehene Glaubwürdigkeit.
Die Dauer des Vermächtnisses.	Der Kampf um das bessere Ende
Das Erahnen des Anderen.	In finanzieller und seelischer Not.
Der zentrierte Blick in die Zukunft.	Bestenfalls eine zögerliche Bereitschaft,
Die gemeinsame Freude am Plan.	Sich zu erinnern an gute alte Zeiten.
Das sichere Wissen um ein Ziel.	Das unerbittliche Zerschlagen der Vermächtnisse, geführt von
Die Zuversicht in das Gelingen.	Nachlässigkeit und Gleichgültigkeit
Das Ziehen an einem Strang.	Getrennter, fremder Ziele.
Die Freude in den Augen.	Geliebte Kinder auf Gratwanderung
Das Lachen im Herzen.	Zwischen Liebe und Verachtung.
Die Güte im Verzeihen.	Ringend in Auflösung eines Knotens
Die Großzügigkeit im Geben.	Aus Mutter und Vater als versprochene Eltern.
Das Vertrauen im Nehmen.	Lasten schleifend in ihre Zukunft als Liebende.
Das Verstehen auf Vorrat.	Rastloses Vermuten über Ursachen,
Die Milde in schwachen Momenten.	Gründe für die erlebten Gemeinheiten jüngster Zeit.
Das Warten auf den Anderen.	Machtlose Ungeduld und hilfloser Zorn
Die Sehnsucht auf seine Ankunft.	Über die Einsicht in den Verlust des Vertrauens, das einmal unendlich zu sein

Die Freude bei seiner
Wiederkehr.
Die Sicherheit im Hoffen.
Die Routine der Gewohnheiten.
Das Vertraute der Zeiten im
Miteinander.
Der Hafen der Einverständnisse.
Das Gefühl des
Zusammengehörens.
Die Freude auf ein
Wiedersehen.
Liebevolle Erinnerungen.

Lustvolle Phantasien.
Gutmütiges Vertrauen.
In selige Momente.
Der geliebte Geruch.
Die verführerischen
Berührungen.
Die Wärme der Haut.
Die erlösende Stimme der
Nacht.
Das Atmen in den Schlaf.

schien.
Geschleifte Mauern eines sicheren
Hafens.
Geschärfte Aufmerksamkeit ohne
Anlässe.
Misstrauen in alles, was von da komm
Wo das Zusammengehören unhinterf
Gewesen.
Ein Gefühl des Verlassen-seins.
Niemals wiedersehen werde ich den
Menschen,
Der mir so nah schien und vertraut, sc
lieb war.
Lustvolle Phantasien kehren sich in
Unlust,
Gutmütiges Vertrauen in hellwache
Vorsicht, selige Momente in Bitterkei
Modergeruch in erinnerter Süße.
Verrat in der intimen Nähe mit einem
Anderen.
Pochend bohrt sich ein Schmerz-
Rast durch mein müde gewordenes H
Raubt mir Stunden den Schlaf.

WICHTIG SEIN – ODER LÜCKENFÜLLER

Wichtig ist, woran das Herz hängt.
Verbunden zuerst mit der Mutter
Wohnt und wächst er unter ihrem Herzen
Bis es Zeit ist, die Welt zu begrüßen.
Wichtig bleibt, ob er dann geliebt werde.
Von nun an muss er sich wichtigmachen,
Werben um Beachtung, Bedeutung und Gewicht.
Zuerst in den Herzen seiner Familie übt er,
Gewicht zu teilen mit anderen,
Spürt, wie wichtig ihm andere werden können.
Familienbande, Dynastien oder Clan
Sichern sich zu, füreinander wichtig zu bleiben.
Über alle Zeiten und Ereignisse hinaus.
Es ist Antwort auf das ursprüngliche Bedürfnis,
Bedeutung, Verbundenheit und Schutz zu finden
miteinander.
Die Liebe, zwischen Menschen gefunden,
Erlöst aus der Isolation, die Zeit ohne Liebe auferlegt.
In ihr darf er sich wichtig fühlen und frei.
Die wichtig zu nehmen, die ihm am Herzen liegen.
Er liebt sie, weil sie ihm wichtig geworden sind.

Ein kostbares Gut ist, wichtig zu sein
Einem Menschen am Herzen zu liegen.
Noch kostbarer ist es,
Jemanden finden zu dürfen,
Der einem am Herzen liegt.
Weil wichtig sein sich so gut anfühlt
Will er das immer wieder erleben.
Sucht blind geworden oft im Ersatz.
Nützlich, zuverlässig, praktisch und
Willkommen ist der Ersatz, eine Lücke zu füllen.
Fühlt sich wichtig,
Macht sich den anderen wichtig,
Dass er eine Lücke fülle in ihm.
Liebe ist das nicht. Doch fühlt es sich lange an,
Als läge ihm das am Herzen.
Die Halbwertzeit der Ersatzform
Endet schon früher als gedacht.
Lückenfüller gibt es ohne Zahl.
Lebensabschnittspartner werden benutzt,
Bis Lücken wieder unerträglich geworden sind.
Erst wenn er sprachlos staunend erleben darf,
Dass ihm ein Mensch wichtig bleibt,
Immer wieder spürt, wie sehr er ihm am Herzen liegt,

Dann liebt er ihn ohne Absicht aufs Ausfüllen
All der Lücken, die er in sich trägt.
Da muss nichts mehr erklärt werden.
Weil Liebe sich dem Nutzdenken entzieht.
Wenn das verstanden werden darf,
Dann haben Bedeutung von Verbundenheit und Schutz
Einen Ort gefunden, an dem sich trefflich lieben lässt.

DAZWISCHEN LIEGEN HERRN SCHOELLER´S REKLAMATIONEN

EIN STROM DER LIEBE

Die ersten Tropfen der Liebe fallen weit voneinander auf die Erde.

Fast gleichzeitig. Aus vielen Tropfen wird ein Rinnsal.

Munter springt es dahin, sammelt und vereint sich zu einem kleinen Bach.

Fast zufällig bahnt er sich einen Weg und macht erste Erfahrungen mit dem Fließen. Alle Tropfen zusammen bilden den Lauf zum ersten Ziel.

Immer neuer Beginn und steter Fluss halten alles in Bewegung.

Seitlich nähert sich ein großes, kraftvolles Geläuf

Und überströmt die Grenze zum gemeinsamen Bett.

Aus kindlichem Geplätscher ist zielstrebig erwachsenes Strömen geworden.

Die Kraft der Liebe aus Tropfen geschöpft und einen Strom geboren,

Brauchen Mächtigkeit, Richtung und Kraft jetzt einen Namen,

Der eine breite Spur in die Erde und in den Lauf der Zeit eingräbt.

Die Ufer treten auseinander, in der Mitte fließt die Kraft des Lebens.

In der überfließenden Üppigkeit wälzt sich der Strom gegen jedes Hindernis

Und bahnt sich durch Furten, Klippen und Gesträuch einen steten Lauf.

Da ist Getragen-werden, Fortkommen und Vermehrung.

Nebenarme beginnen mit der Verteilung der Kraft in die Breite.

Liebe aus einzelnen Tropfen sammelt sich zu einem satten Rauschen.

Doch irgendwann im machtvollen Gezeuge wird aus dem Strom aus glucksenden, Quellklaren Geläuf ein träge fließender breiter Fluss, sich lustlos selbst transportierend.

Ausflüchte in Nebenarme, Gewohnheiten breiten sich aus.

Der frohe Blick aufs Ziel mäandert in der
Trübung.

Alles geht in die Breite, langsamer fließt die
Liebe.

Die Klarheit und Reinheit und mit ihr die Kraft der ersten Vereinigung gingen verloren.

Die Erneuerung ist zu weit entfernt, die Quellen sind vergessen.

Es bleibt Masse. Kleine Nebenströmungen schwächen den Hauptarm.

Die Bewässerungen fremder Erwartungen raubt dem Strom Substanz.

Er schlingert durch die Landschaft, nachgiebig und ohne Sinn.

Am Ende der Zeit verliert er sich mit verschiedenen Namen im Meer der Wünsche. Die ersten Tropfen der Liebe sind auf langem Weg verloren gegangen.

LEBEN AUS EINEM GUSS

Alle wollen wachsen am eigenen Tun,
Sind unterwegs in eigener Sache.
Bringen sich voran und weiter.
Weiter dahin, wo sie sich besser fühlen wollen.
Viel lassen sie hinter sich!
Maß für das Ziel ist die Herkunft,
Aus der wir kommen und uns entlassen wollen.
Genauso oder umgekehrt, doch immer abhängig,
Haben wir Ziel und Form im Blick,
Uns daraus zu befreien und aufzustreben.
Neu sind die Menschen, an denen wir uns finden, wachsen
Und erproben suchen, wer wir noch nicht sind, was wir
werden wollen.
Alt sind die Spuren, in denen wir dennoch ziehen:
Er geht wie der Vater, sie ist ganz die Mutter.
Im Stolz eigener Freiheit wird gewählt, was man zu formen
hofft,
Neue Verbündete gegen alte Perspektiven,
Als Gefährten des Neubeginns – alter Probleme!
Heißes Begehren fließt neu in die Gussform
Und erkaltet an den Wirklichkeiten.

Ist die Schale gesprengt, tritt das Werk zutage.

Dann führt kein Weg zurück, es ist vollbracht.

Der Klang ist rein, klar, gut und stark,

Oder er bleibt misslungen, die Arbeit war vergeblich.

Zeit ist verloren, Einschmelzen unmöglich.

Verworfen werden Einsichtswille und innehaltender Respekt

Zugunsten erhofften Gelingens im schnellen Neubeginn.

Rücksicht ist nicht gefragt. Es muss weitergehen.

Der neue Horizont öffnet sich für jeden Versuch.

Alle wollen weiter wachsen am eigenen Tun,

Sind eilig unterwegs in eigener Sache,

Bringen sich voran und zurück, weiter dahin, wo sie hoffen,

sich besser zu fühlen. Sie lassen viel gelebte Zeit zurück,

ohne sich umzusehen!

Und wieder sammeln sich heiße Begehren in der nächsten Gussform

Und erkalten an den neuen alten Wirklichkeiten...

VOM SCHWEIGEN UND VERBERGEN

Von Beginn an lebt er mit Geheimnissen anderer.
Sein behinderter Bruder und die Euthanasie Stopfen
ihm ein
Schweigen in den Hals
Legen Mutters Hand auf seine Lippen.
Aber seine Augen sehen doch alles.
Väter gehen fremd und Mütter sind zornig.
Er erfährt alles und muss schweigen
Weihen ihn ein in ihren Kummer
Lachen, als wäre nichts gewesen.
Aber seine Ohren hören doch alles.
Ein Unfall tötet einen unschuldigen Menschen
Der Täter ist sein Vater.
Er hat den Kummer wegetrunken von sich.
Vaters Gedächtnis war danach erloschen vor Scham.
Er darf sich nicht schämen für ihn.
Mädchen werden missbraucht
Gequält mit den Ansprüchen ihrer Familie,
Geheimnisse im Verborgenen zu hüten.
Sprechverbot, Klageverbot, Drohungen.

Ihre Gefühle erzählen ihm alles.

Beschädigte Väter leiden ohne Unterlass

Am zu früh erlebten Krieg, an verlorenen Geschwistern.

Lustig werden können geht noch mit Alkohol.

Vergessen für ein paar Stunden.

Sein Verstehen ist nicht gefragt, er schweigt und sieht.

Kinder aus solchen Schweigefamilien fliehen ins

Bekannte Elend oder gehen ohne Gruß.

Sie sorgen endlich für sich oder eben doch für andere.

Und erschöpfen sich im Schweigen und dienen.

Sein Trotz ist so unermüdlich wie sein Hunger nach

Wahrheit.

Zu langes Schweigen macht Blicke blind, Lippen eng.

Jede Begegnung mit einer freien Seele birgt das Risiko,

Heraus zu schreien das Elend der langen Jahre.

Ewig die inständigen Bitten, nichts zu verraten und alles zu

verschweigen. Seine Zunge löst sich mit den Jahren

langsam.

Er gibt es auf, für andere zu schweigen, er sagt es einfach

jetzt.

Er will es los werden, kündigen, frei sein, abschütteln.

Kümmert euch selber darum, macht weiter wie bisher, ohne mich. Seine Solidarität ist längst abgebrannt, erloschen und ungültig.

Sein Atem geht tief, seine Seele glüht wieder, aber ohne sie alle.

Sie bleiben zurück hinter ihm in einem Schweif angeschimmelter Lügen. Machen gute Miene zum bösen Spiel, alle lachen und freuen sich.

Es ist ein nettes Fest ohne kränkende Worte, für Blinde. Für Sehende bleibt Zeit genug, die hohlen Gesten kränkend zu finden. Er hört alles, sieht alles, er schämt sich, dabei gewesen zu sein.

WARTEN....BIS MAN WEISS

Der Liebe giftige und tödliche Widersacher: Geldgier und Alkohol, Hochwirksame Mittel gegen die Risiken der Liebe. Kennengelernt und vermittelt bei der Flucht der Eltern vor dem wirklichen Leben. Aus der Kindheit mitgenommen und eingesetzt bei Angst vor dem Alleinsein. Heftig heiße Wünsche gegen das Alltagsversinken dämpfen sie ganz schnell.

Wie bei Kopfweh und Übelkeit, Nebenwirkungen weiß nur kein Apotheker.

Es hilft, es hebt die Tagesform über erkanntes Elend in der Ödnis,

In Machbarkeit und Scheinerfolg, zuerst in Euphorie, dann matter Fühllosigkeit. Egal, scheinbar gleich Liebe, beschränkt man sich in einen Wunsch:

Hauptsache, es tut nicht mehr weh.

Partner ohne Wissen werden erst einladend gefordert, dann kühn übertölpelt. Sind überrascht und enttäuscht, glauben es einfach nicht und hoffen,

Das sei alles nur ein böser Traum, die Rettung im Erwachen nicht fern.

Bis sicher wird, es hat Methode hinter unserem Rücken,

Liebeskrebs im metastasierenden Stadium.

So also fühlt es sich an, wovor die anderen so riesige Angst haben:

Verarmung und drohende Ernüchterung lassen Grundfesten des Schicksals erahnen. Die Wirklichkeit des Ausgeliefertseins wird greifbar, Ohnmacht droht.

Mit oder besser ohne Liebe, man wird mit dem offenen Leben so nicht fertig. Sucht geht auf Suche, Gier flieht klare Sicht auf unsere Existenz.

Bollwerke gegen den Zufall errichten, Rituale gegen die Leere setzen,

Gegen Beliebigkeiten des Lebens, gegen unser Schicksal, Täglich der Liebe eines Gegenübers bedürftig zu sein.

Es wird gesichert, vorgesorgt, geschachert, getauscht und getäuscht,

Waren gegen Gefühle, Räusche gegen Bedürfnisse, Festes gegen Unfassbares.

Mutige setzen auf Einsicht, dann Rücksicht, zuletzt auf sich selber

Und gehen, verlassen dieses Karussell der Angst und Übelkeit.

Schneiden den wuchernden Krebs heraus aus dem eigenen Fleisch

Zu spät, ohne Schaden davonzukommen, sie haben zulange mitgemacht. Wieder mal zu lange auf die Kraft der eigenen und der Liebe der anderen gehofft.

Zurück bleiben verstört Hoffnungen in den zukünftigen Lebensplan,

All die vergeblichen Anstrengungen hinein in die blinde Angst.

Die Erinnerung an die guten Zeiten, die es ohne Angst auch gab,

In denen das Gute keimte und erste Wurzeln trieb,

Bis die Liebe versiegte und alles trocken fiel in Angst und Gier.

Die Tränen der trauernden Verlierer sind Botenstoff des versäumten Lebens, Müssen vergossen werden, bis erlösender Grund gefunden sie wieder auffängt. Ohne Mut zur Liebe ist es nicht zu schaffen, mit niemandem geht es einfach so. Keine Medizin als die Liebe gegen unser Ausgeliefertsein an Zufall und Fügung. Schmerzen sind unermesslich viel und eben zu reichlich für einen allein.

DAZWISCHEN IST NICHTS, HERR SCHOELLER

LÜGE DICH INS GESTÄNDNIS

Es ist Mittag, das Haus ruht schwer auf seinen
Fundamenten, stabil und fest.
Etwas früher als sonst kehrt er heim und tritt ein in die
gelassene Ruhe der Mittagszeit,
Bewegt sich leise und vorsichtig, die Ruhe zu schützen, die
ihn umgibt.
Da hört er intime Geräusche heimlicher Heiterkeit, ein
vertrautes Gurren einer Stimme,
Die ihm so oft im Ohr geklungen hatte, als sie sich noch
lieben konnten.
Schon lange hatte er das nicht mehr hören dürfen, es
durchfuhr ihn böse Ahnung.
Was so warm und vertraut klang, war nah und doch so
elend weit weg,
Galt einem anderen Menschen. Er war in die Intimität der
Ahnungslosigkeit eingebrochen.
Was er hörte, war die verliebte Stimme einer Frau
gerichtet auf ihren Lover.
Er war auf eine riesige Lüge gestoßen und rang entsetzt
mit angstvoller Gewissheit.

Es ist in unserem Haus, auf der Terrasse, eine männliche bekannte Stimme,

Die sie verführte zu heiteren Bemerkungen, gurrenden Lachen und fröhlicher Laune.

Draußen vor holt er sich seine schreckliche Gewissheit und schaut in die Richtung,

Ungeschützt sucht sein Blick die Quelle der süßen Wortliebkosungen.

Er ist dort ausgeschlossen, für ihn gibt es schon lange nur mürrische Blicke.

Wird hin und her geschleudert zwischen Wut und Verzweiflung, zwischen Hass und Furcht. Sammelt die Stimmen und erfühlt ihre Absichten, durchbricht den Wall von Heimlichkeiten

Als Zuhörer und Spion im Auftrag seiner Hoffnung, es möge nicht wahr sein, was er hört.

"Deine Augen werden glänzend, wenn du mich liebst, weißt du die Farbe der meinen?"

Jetzt weiß er, wem das gilt und woher es kommt. Sie haben ihn schon lange im Griff.

Der Hausfreund, die alte und langweilige Geschichte der billigen Gelegenheit,

Kennt keine Skrupel, sich warm ins Nest zu setzen und auszuräumen wie ein Erbschleicher.

Zerfetzt ist mit einem Schlag jedes Vertrauen in die Welt, die Menschen und ihn selbst.

Verrat, Feindschaft, Rache und Verlust überschlagen sich zu einem wirren Knäuel,

Rasende Gewissheit und unendliche Trauer wuchten durch seine Seele und seinen Körper.

Wie mit einem Schwert durchschlägt sein Ruf nach ihr die trügerische Mittagsruhe.

Mit Empörung beklagt sie zerstörte Privacy, die Aufdeckung des heimlichen Austausches.

Schuldig solle sich fühlen, wer nach Erkenntnissen dränge, es wäre nicht nötig gewesen.

Aber so wäre alles leichter für sie, einfacher als zuvor, weil er es jetzt ja wisse.

Es ist die Erleichterung des Wasserlassens, wenn sich die Lüge ins Geständnis verpisst.

Wie monumental steht die neue Wahrheit im Raum und überschattet alles Vorherige.

Die vielen glücklichen und mittesuchenden Jahre unserer Zeit unter diesem Dach.

Sie steht am Ende einer Zeit heimlicher Zweifel und des Scheiterns am Schweigen.

Nun ist es heraus, was Gier und Leidenschaft, Sucht und Heimlichkeit zusammenbrauten.

Das ahnungslose Hoffen auf kostenlose Heilung des einsamen, eigenen kleinen Lebens.

Diese neue Verbindung heilt nichts, das Fieber ihrer Entstehung schwächt die Liebe,

Die auf der Strecke blieb wie der Hase, der zick und zack die Mitte floh.

Die Hoffnung der alten Allianz ist zu dürftig und treibt ins Scheitern – aber geradeaus.

Hans im Glück ist froh, seinen Goldklumpen zum beschwerlichen Stein herunterzuhandeln,

Am Ende los zu sein. Sie/Er dürfte wohl nie verstehen, dass ihre/seine Dummheit Mitleid mit ihr/ihm hatte.

VORBEI

Bin ich vorbei, geht es vorbei, ist es schon vorbei, vor und
bei?
Stehe ich fest, geht es vorbei, bin ich unterwegs, steht es
fest?
Seit wann ist es vorbei, unbemerkt erloschen, langsam
gestorben?
Voran und beiseite, gekrochen oder gehüpft, ohne
Schrammen?
Geht es überhaupt vorbei, bleibt nicht ein ewiger Rest?
Wohin soll ich fragen, wer wird mir antworten, wann?
Hiermit erkläre ich Sie ab heute als geschiedene Eheleute -
Die Eheleute trennen sich im gegenseitigen Einvernehmen.
Vorbei ist die gegenseitige Verantwortung für das
Wohlergehen,
Die vielen gemeinsamen Jahre der Zusammengehörigkeit.
Vorbei sind die Jahre, die vielen Momente der Freude und
Traurigkeit, Vorbei die Anstrengungen, zu verschmelzen,
was doch nicht passte. Vorbei der lange und wagemutige
Versuch, sich zu finden.

Vorbei auch die Chance, es zu wiederholen, vorbei ist vorbei.

Endlich ist es an mir vorbei, was nicht zu halten war.

So soll es sein, du hast deine Chancen gehabt – vorbei!

Morgen ist ein neuer Tag, vorbei und frei, du bist gewachsen,

Gereift und geklärt am Irrtum, am Wunschdenken und Idealisieren,

Wird es Zeit zum Anhalten, Hinfühlen, Verstehen und Zeitbrauchen,

Damit du überhaupt begreifst, warum alles so schnell vorbei ist.

Vorbei Flüchtigkeit, Leichtigkeit und Unschuld aus Nichtwissen gewoben. Diese Veranstaltung ist vorbei, die Jahre sind vorbei, deine Zeit auch?

In der Erinnerung haben alle Vorbei - Momente eine Heimat gefunden Ohne Unterschied warten sie auf ihre Wiederbelebung durch dich

Damit du dich mit ihnen und dir versöhnst in ein befreites Vorbei!

Vorbei geht alles, auch ohne Anstrengung und ehrliches Mühen.

Die Zeit, der Schmerz, der Tag, die Lust, vorher – jetzt – und vorbei.

Die schönsten Momente fliegen vorbei, kaum zu halten,
Aneinandergereiht unser Leben, kaum zu fassen, so schnell vorbei.

Wir ringen um Fassung, wenn uns diese Erkenntnis einholt.
Geben wir unseren Absichten eine ehrenvolle Verfassung aus Ehrfurcht vor den Versäumnissen, der Kürze der Zeit, den geschenkten Chancen. Pflegen wir die Erinnerung der großen Momente als wertvolle Sammlung der Bereitschaft zu der tiefen Erfahrung,

Dass nach uns nicht für immer alles vorbei sein wird.

EIN ENDE IST SCHWER ALLEIN ZU FINDEN

Es ist nicht das erste Mal, das Ende ist schon da,
Bevor sie es begreifen.
Immer bringt es einer zu Ende,
Der andere kann es noch nicht.
Einer macht das Ende an die Jahre der Liebe.
Das geht am besten mit der Brechstange.
Sie ist das Mittel der Wahl in der Eile,
Die alles auseinander bersten lässt.
Erlösung durch erhofftes neues Glück winkt,
Gipfelt sie, hält sie im Zenit ihres Gefühls,
Das sie sich so sehr wünschten,
Seit das alte sie nicht mehr fliegen ließ.
Was wiegen da noch Erinnerungen,
Sie stören, ach geh weg damit.
Lass mich in Ruhe mit meinen alten Fehlern,
Mach mich doch nicht lächerlich.
Neu, neu soll es sein, besser und fröhlicher,
Leichter, lustvoller und freier.
Schwere und schöne Gefühle in der Erinnerung,
Am Neuen scheuern sie sich leicht und torkeln ins
Vergessen.

Nichts geht zu Ende, es wird nur neu aufgelegt,
Das Tasten nach Glück und Leichtigkeit.
Sie haben wieder Erfahrungen, aber nur mit sich selbst.
Verstanden haben sie nichts in ihrer Zeit zuvor.
Auf ihrem Weg sucht Zuneigung kein Ende,
Gleicht einem Tanz ums Hoffen und Verschenken
Auf der Reise in eine Welt der Ruhe und Großzügigkeit.
Nur wer sich behalten will, macht ein Ende dran.
Die das eilige Ende machen, finden nichts wirklich Neues.
Sie behalten sich fest im Griff und bleiben mitten in sich.
Nehmen nichts für sich mit, weil sie verfehlten.
Das Neue ist das Alte, sie sehen es nur noch nicht.
Am Ende einer Liebe findet man ehrlicher zusammen.
Nach dem Entdecken kommen das Erschrecken und dann
die Trauer. Verzeih mir mein tiefes Unvermögen, Dich zu
erreichen.
Lass ab von mir, ich bin noch nicht so weit weg - wie Du
Es ist ein großer Schritt in der eigenen Zeitrechnung
Ein Leben zu teilen mit einem Menschen, dem die Hälfte
davon gebührt.
Und wenn es gut geht, bekommen sie ihren Einsatz erhöht
um das Glück zurück.

Und wenn es nicht gut geht, verlieren sie ihren Einsatz an die Vergangenheit.

Zwei Jahrzehnte geteilt, fast die Hälfte eines erwachsenen Lebens.

Gemeinsam sind sie große Schritte in einen Lebensplan hineingegangen.

Haben sich getraut, vertraut und verlassen auf Liebe, Lust, Geduld und Verständnis.

Sind voller Hoffnungen und Zuversicht zueinander in ihr Leben hineingewachsen.

Arbeit, Beruf und Dienst am Nächsten banden sie ein in eine neue Heimat - in der ein Haus den festen Ort symbolisierte für ein Zuhause in ihrer Zukunft.

Viele Jahre haben sie unter dem Dach dieses Hauses ihr Kind heranwachsen sehen.

Eine Familie mit Sinn und Verstand für ihr Leben wuchs heran, wie ein Kristall sich bildet. Vertrauen, Sicherheit und der Wille zum Erfolg bahnte ihre Wege und Vorhaben.

Aufgaben und Konflikte drängten sich zwischen ihre gute Zeit. Gebündelt haben sie ihre Kräfte, eine annehmbare Lösung zu finden.

Das war die gute Zeit, doch unerkannt, unerwartet, unbeabsichtigt bahnte sich Unglück in diese Familie, die so sicher schien und in der Vertrauen, Zuversicht gegolten hatten.

Feine Spuren aus Abenteuerlust und Langeweile zogen Risse in ihr Kristall. Unerkannte Gefahren stellten Routine aus Vermögen und Erfahrung auf die Probe.

Gleichgültigkeit, Geheimnisse und Sucht nach Erlösungen nahmen schleichend überhand.

Unterhöhlt vom Missbrauch brachen sie Versprechen, das Haus verlor sein Dach. Alles war offen, ungeschützt und verletzlich, große Angst lähmte ihren Fortschritt. Sie versprachen sich das Mögliche und hielten nichts, Lebensbilanzen wurden verfälscht.

Schweigen wechselte Lügen ab, Heimlichkeiten wurden offenbar, alles brach auseinander.

Das Tempo des Zerfalls wurde rasend und visierte auf gegenseitige seelische Enteignung.

Die Logik der Trennung schlug entzwei, ungerecht gegen die Summe des Gemeinsamen.

Blieb für jeden nur sein Teil, verkürzt um die Bedeutungen, die sie einmal liebten.

Das Haus ohne Dach, die Vergangenheit durch die Ereignisse entwertet, ihr Kind ratlos.

Die gemeinsame Zeit verlor ihren Erinnerungswert, das eigene Leben darin seinen Sinn.

Wortlos ließen sie geschehen, für Streit war es längst zu spät, Groll verschloss ihnen die Lippen.

Gemeinsam, wie sie sich viele Jahre ihres Lebens Gefährten waren, so allein wollten sie nun sein.

Hoffnungen auf neue Wege in eine getrennte, eigene Zukunft keimten auf wie die Nottriebe an einem gefällten Baum, Bindungen mit neuen Partnern wurden rasch gesucht. Alles ist nun unterschiedlich, auch die Qualitäten der neuen Einflüsse trennten sie. Einverständnis wurde abgelöst von Kampf, Verlustängsten, Taktik und Verschleppung.

Das Schlimmste ist die ruhige Kraft, mit der die Erinnerungen sich selbst erwürgt.

Ein großer Teil der Zeit, den sie sich geschenkt haben, wird entwertet durch das Jetzt.

Übrig bleiben die Scherben ihres Versprechens, Schaden an Seele und Leib, Verlust an Freunden und dem Heimatgefühl, das ein gemeinsames Dach schenkte.

Neu ist für ihn, dass es ohne sie vielleicht schöner werden kann als je zuvor

Zwiesprechen:

Er: ich freue mich, dass ich mich wieder trauen kann. Dafür habe ich auch viel gekämpft, habe gute Gespräche über unsere Zukunft gewagt und gewonnen. Ich bin sehr zuversichtlich.

Sie: Hoffentlich geht es auch gut, ich weiß noch nicht, ob ich das schaffe. Ich glaube an ihn und seinen festen Willen zu Erfolg. Ich muss noch herausfinden, was ich kann und will, ich bin erst mal still und mache mit, soweit ich dabei gut aussehe. Das Meiste überlasse ich mal ihm.

Er: Zu zweit können wir große Vorhaben und große Perspektiven in die Zukunft planen, das habe ich mir schon immer gewünscht. Ein großes Haus soll uns Platz schaffen für Gastlichkeit und unser Ansehen stärken.

Sie: Ich bin stolz, dass wir zusammen so viel Neues zustande bringen, Einrichtung und Stil des Hauses sind ganz mein Geschmack und befreien mich aus meinem Elternhaus. Dafür bin ich dankbar und kann es kaum erwarten, mein Kind dort aufwachsen zu sehen. Ich habe viel Lust an einem gastlichen Haus. Meine Verdienstmöglichkeiten sind nicht sehr gut, alte Rechnungen müssen jetzt beglichen werden.

Er: Bisher sind wir planmäßig vorangekommen, allerdings ist die viele Arbeit auch sehr anstrengend und ich mache viel allein, von dem sie nichts versteht. So teilen wir uns die Aufgaben, ich habe die Schwierigen, sie nimmt sich das für sie Machbare.

Sie: Eigentlich mache ich genug, ich will mich aber nicht beklagen, er ist ja auch sehr fleißig und schafft so viel. Manchmal denke ich aber, es könnte noch schöner sein. Ich wünsch mir manchmal, dass alles etwas leichter gehen könnte. Irgendwie fehlt mir etwas zum wirklichen Glücksgefühl, obwohl wir es sehr gut haben.

Er: Ich merke es jetzt auch, eigentlich ist es auch langweilig, wir reden kaum noch miteinander, das meiste klappt ganz gut, aber es fehlt so das Feuer der ersten Jahre, mir fehlt so eine Begeisterung, eine Freude am Erreichten.

Sie: Andere Männer schauen schon mal interessiert, ich werde auch immer neugieriger, was sie von mir wollen könnten. Er ist für mich nicht mehr so attraktiv wie anfangs, da fehlt mir doch schon ganz schön viel. Manche Wünsche kann ich einfach nicht bei ihm unterbringen. Ob die anderen da mehr spüren, was ich will?

Er: Das hätte ich nicht gedacht, wie schnell ich immer deutlicher spürte, dass unsere Liebe nichts mehr aushält. Misstrauen und Neid wechselten sich ab. Sie konnte eine leichte Vertrauensverunsicherung zwischen ihr und mir nicht mehr ertragen und lässt alle ihre Schranken fallen. Ich spüre ganz deutlich, sie will mich überhaupt nicht mehr, nachdem ich ihr meine direkte Nähe vorerst gekündigt habe aus Notwehr gegen völlige Entfremdung. Ich habe Angst, diesen Kampf ums unsere Ehe zu verlieren.

Sie: Das hat er jetzt davon. So kann man mich nicht mehr erreichen. Entweder wir sind noch ein Paar oder eben nicht. Meine Wünsche bekomme ich jetzt viel schöner und aufregender erfüllt, endlich hofiert mich ein interessanter Mann. Dafür bin ich freigegeben worden: „Dann mach doch, was du nicht lassen kannst, vielleicht können wir dann später wieder zusammen kommen, wenn du damit fertig bist und deine Wünsche erfüllt worden sind!" Das hat er aber nicht mal ein paar Tage ausgehalten, da hat er schon gekündigt, als es herausgekommen ist. Trennung, Auszug und Scheidung stehen auf dem Fahrplan. Ich habe noch eine passende Wohnung mit ihm gesucht, weil er mir auch leid tat und ich unbedingt weiter mit unserem Kind im Haus bleiben wollte. Ich musste dabei weinen, wie ich sah, dass er auch leidet unter den Ereignissen. Ich habe manchmal Angst, er könnte sich was antun. Wie schön ist es doch dagegen mit dem neuen Partner, der begehrt mich und kann mir fröhlich in die Augen sehen.

Er: Es ist ganz furchtbar, wie meine Gefühle in mir toben. Hass, Wut und Neid wechseln sich ab mit Verzweiflung und der Hoffnung, das möge alles noch nicht das letzte Wort sein. Rachegefühle und Angstzustände lassen mich nicht schlafen, eine Ohnmacht gegenüber den Geschehnissen macht sich breit, es fließt mir alles aus den Händen. Zwischen aktivem Anpacken und resigniertem Loslassen finde ich mich stündlich wieder. Gut, dass ich nicht mehr arbeiten gehen muss, ich wäre zu nichts zu gebrauchen. Ich versuche immer noch, fair zu bleiben.

Sie: Manchmal fühle ich mich schon gut, aber dann weiß ich nicht, wie ich das alles schaffen soll. Da muss mir mein neuer Freund helfen, damit ich das alles zu meinem Vorteil geregelt bekomme, denn mein Noch-Mann ist da ziemlich clever gewesen in den Jahren unseres Aufbaus. Er weiß, was er will. Jetzt sage ich erst mal nein zu allen seinen Vorschlägen, es gerecht zwischen uns zu machen.

Er: Manchmal ahne ich schon die Erleichterung, wenn alles vorbei sein wird. Ich werde frei sein und werde diesen Ort verlassen, an dem ich nichts mehr habe, was ich noch verlieren könnte.

Sie: Ich habe endlich meine ersehnte Freiheit und kann die nächsten Jahrzehnte auf eine gute Zukunft hoffen; meine beklemmende Zukunftsaussichten sind endlich vorbei und alles trägt jetzt meine Handschrift, das wollte ich schon lange - immer!

DIE HÄLFTE DER ERINNERUNG IST AUSGEZOGEN – WEISST DU NOCH?

Wenn dann alles geregelt erscheint,
Geteilt sind Geld und Güter,
Die Kosten für bleibende Verantwortungen,
Verteilt an die getrennten Leistungsträger,
Weht milde Besinnung in den Abend.
Wenn Enttäuschung, Rache und Vergeltung
Sich erschöpft haben in hilflosen Wiederholungen,
In Triumph, Trotz und auferstandener Stolz,
Stumpf geworden sind am Alltag ohne wiederbelebende
Bedeutungen,
Bewegt ein Hauch verblasster Erinnerungen sein Gemüt.
Für das - Weißt du noch – schlägt keine Herz mehr, das
wüsste.
Die vielen Plätze, die erhabenen Momente gemeinsamer
Weltsicht,
Das intuitive Schwingen in einem Moment des
Zusammengehörens.
Der Blick auf das Werden ihrer Kinder verliert die Kraft der
Erinnerung.

Alles das wird niemals wieder etwas Vollständiges werden
können.

Die Jahre ihrer Kinder verbleichen wie alte Fotos,

Auf denen niemand vermerkt hat, was damals geschah.

Kein - Weißt du noch – bringt Glanz und Leben in die alte
Zeit.

Die Bilder tragen etwas Unwirkliches mit sich, als hielten
sie seit dem die Luft an.

Die Hälfte der Erinnerung wohnt schon nicht mehr in
ihnen.

Wendet sich der innere Blick auf die balsamierten
Erinnerungsbilder,

Dort ihr Haus, hier eine Reise, ein Konzert, ein neuer Plan,
eine glückliche Lösung da,

Das gleiche Luftanhalten über unsere lange Zeit, getragen
von der Not,

Halbierte Vergangenheit nicht vollends auf Grabsteine zu
meißeln.

Weil sich das - Weißt du noch – uneinholbar
davongemacht hat.

Es ist ein frühes kleines Sterben hinein in die Zweifel über
die Bilder, die geblieben.

Erst die Fragen anderer Betrachter hauchten wieder etwas Leben ein

In eine seltsam konservierte, stillgehaltene, festgebundene Erinnerung,

Die mit jeder Bewegung aus ihrem Gleichgewicht zu zerbröseln droht

Zwischen neu entfachten Schmerz und endgültigem Vergessen.

Es ist doch Leben, auch ihr Leben, das sie bei sich tragen in der Erinnerung.

Es gehört ihnen noch, auch wenn sie es nicht mehr teilen wollen, ist es unteilbar.

Am friedlichen Grab der Verstorbenen murmeln sie neues Leben in diese Zeiten,

Von denen niemand sonst besser weiß als der ehemalige Gefährte.

Aber die andere Hälfte lebendiger Erinnerung braucht das - Weißt du noch -.

Die Hälfte seiner Erinnerung wohnt nicht mehr hier – Ausgezogen mit unbekanntem Ziel unter Mitnahme, vielleicht

Verlorengeben seines halben Lebens.

Ohne zu ahnen, dass ihnen nur die andere Hälfte des Lebens, der Erinnerung bleiben wird. Wenn alles danach besser zu werden scheint, neue Erinnerungen entstehen werden, Erst das - Weißt du noch - hauchte ihrer erkalteten Erinnerung Wärme und Kraft ein.

ANVERWANDLUNGEN

Das Licht der Welt erblickt,
Offen für alles und ahnungslos
Wird dir beigebracht, wie es gehen soll.
Du kannst es wollen oder nicht,
Dazwischen bist du eingenickt.
Alle finden dich lieb und so süß,
Weil du dich noch nicht wehren willst.
Es könnte ja ganz gut werden mit uns.
Passungen werden sorgsam eingelötet
Für deinen Lebensplan danach.
Erschöpft von Fülle und Sehnen
Gab es Antworten ohne Fragen,
Wiederholungen und Riten.
Soweit haben sie dich, du hast dich dreingefunden,
Dazwischen bist du eingeknickt.
Anverwandelt, vorbereitet für ein Leben,
In dem du findest, was vorgesehen ist für dich.
Schule, Beruf, Frau und Kinder, Freunde, Haus und Baum,
Steigst du die Routen durch bis zur Erschöpfung.
Alle machen das so. Oben winkt ein längst bekannter Preis.
Fragen ohne Antworten bleiben stumm.

Passungen werden zur Pflicht.

Ungereimtes bleibt verborgen.

In Reimen wird das Leben verlockend besungen,

Die Melodien leicht gesetzt zum friedlichen Mitsummen.

Du sollst es einmal besser haben als wir.

Wir wollen nur dein Bestes.

Die Gesetze der Nötigung umbrechen

Heißt verlieren und verzichten

Auf den Schutz der guten Wünsche.

Du triffst jetzt deine eigene Wahl

Was und wie du dich anverwandeln möchtest,

Findest deine innere Stimme noch leise

Aber unüberhörbar vor jedem neuen Schritt

Im eigenen Takt von Geben und Nehmen.

Dein neuer Mut macht dich stark,

Öffnet dein Herz, beendet deine Duldungslähmung.

Dein Leben geht jetzt erst auf dich zu,

Führt dich hin zu Lust und Leiden,

Damit du wirst, der du eigentlich bist.

ALLEIN ZU ZWEIT

Es heißt immer noch, Unterschiede ergänzten sich,
Wenn zwei Menschen sich verbinden in ihren
Unterschieden.
Den Ausgleich schafft die Liebe, die sie fühlen füreinander.
Jeder macht das so gut er kann, und davon viel.
Genau hier nimmt die Ungerechtigkeit ihren Anfang.
Denn was man gut kann, reicht allein nicht aus, mehr
davon nicht immer, wenn Bescheidenheit der Mittel in
Zurückhaltung und Rücksicht verborgen,
Die Möglichkeiten spärlich und die Wirkung nicht
ausreichen für zwei.
Beide sind so gut wie die Summe ihrer Qualitäten es
erlauben,
Zusammen können sie auch schwach sein und opfern doch
dem anderen.
Wichtige Entscheidungen und Handlungen trägt der Eine
mehr.
Von außen stehen sie zu Zweit, unterschreiben und
verpflichten sich, Zusammenzuhalten im Unterschied.
Wer macht die Arbeit nach innen wirklich,

Wer schuftet und ackert, hält den Laden zusammen,
verantwortlich mit der Zeit? Oft ist es der, dem dies alles
leichter zu fallen scheint, er hält sie zusammen.
Wenn einer Anerkennung dafür braucht oder nichts
merken will, wenn einer mit seinen Sorgen und Gedanken
einsame Zwiegespräche führt.
Alleine zu zweit, nimmt Rücksicht auf den Unterschied, den
er selbst gesucht hatte, Überfordert die Liebe und zieht
sich zusehends zurück in lähmende Resignation,
Im Wissen, dass es niemals mehr anders wird, die
Unterschiede bleiben mittig.
Wie interessant sind dann die Anderen, wie attraktiv ein
kluger Gegenüber.
Wie langweilig der so harmlos dahergekommene
Unterschied, ermüdend.
Die Gespräche verebben an der verschwiegenen Mauer
gegenseitiger Einsamkeit, Denn der Schwächere schämt
sich seines Unvermögens, das er täglich steigert, Immer
mehr vom Gleichen in die Waagschale zu legen.
Verzweiflung legt sich über die täglichen Verluste an
gutem Willen,
Stumpf geworden an Vorwürfen erschöpfen sich
Erinnerungen an die Vergangenheit. Wo Liebe die

Unterschiede wettmacht, als Herausforderung gesehen wird,

Lähmt die Langeweile mit ihren überschaubaren Begrenzungen jeden Fortschritt

In notwendige Entwicklung, gemeinsame Schritte zu wagen, Unterschiede zu nutzen.

Erst nach unausweichlicher Überforderung und Trennung wird sichtbar,

Wie groß der Unterschied wirklich ist, als die Liebe aufgekündigt war.

Entdeckt verleugnete Beschränkungen schärfer beim Partner als bei sich selbst, Enttäuschte Erwartung, erlittene Einsamkeit zu Zweit, in die man sich gehen ließ.

Ausgebliebene Entwicklungsschritte aus Mangel an Fragen an und für sich selbst,

Erschrocken blicken beide, erinnern ihre gute Zeit, als das Tauschen noch Sinn schuf. Wie der Ritt über den Bodensee kommt ihnen die Einsamkeit zu Zweit vor,

Alles scheinbar gutgegangen, die Hoffnung hielt den Zusammenbruch bisher auf. Aber diese Mitte war nie das wahre Leben, war angefüllt mit Zweifel und Scham, Nicht ehrlich sein zu können, miteinander Streit zu wagen für eine mögliche Liebe.

VORZUG SUCHT RÜCKZUG

Vorzüglich die Formeln der Höflichkeit
Ich ziehe Dein Angebot vor - vor allen anderen,
Ich gebe meinen Vorzug Dir vor allen anderen,
Vorzügliches Angebot von Dir für mich.
Danke auch.
Du gibst mir den Vorzug vor allen anderen.
Ich sage ja und ziehe Dich vor,
Du ziehst mich vor.
Wir haben gut verglichen
Und nehmen uns gegenseitig – vorzüglich!
Alle anderen hinter uns, mit unserer vorzüglichen Wahl
Ziehen wir uns zurück in unsere neue Welt.
Schaffen Räume und Träume
Für eine vorzüglichen Zeit.
Raum für Traum, Traum für Raum, versichert uns die Zeit,
Dass unser Vorzug richtig war und noch immer stimmt.
Wir verzahnen uns im Fortschritt zu einer vorzüglichen
Familie,
Zu einem vorzüglichen Haus und einem vorzüglichen Kind.
Wir schätzen uns aneinander vorzüglich ab,
Und sind es zufrieden, bestätigen unsere Beziehung

Als etwas Besonderes und Bevorzugtes,

Bis aller Vorzug verbraucht, der Rückzug beginnt.

Die Träume und Wünsche werden unbeantwortet

hinuntergewürgt Das Wünschen und Träumen geschieht

vorzüglich heimlich.

Vorzug wird den Phantasien im Stillen eingeräumt,

Dass sich irgendeine vorzüglichere Passung findet.

Beide warten darauf, wieder bevorzugt zu werden.

Gelegentlich wird der Vorzug im Rückzug eingefordert,

Die Liebe wird lau, die Richtung taumelt umher,

Das Suchen nach Vorzügen ist gestrandet.

Sind alle Vorzüge verbrannt, bleibt letzte Hoffnung noch im

Schätzen: Ist Anstrengungen noch Vorzug zu geben oder ist

Rückzug leichter? Der Rückzug schafft Reserven für neues

Glück.

Im Rückzug rettet sich die bevorzugte Wunschwelt.

Still ruhen die Vorzüge, wollen gefunden und

wiederentdeckt werden. Ein neuer Fremder gibt uns den

Vorzug, unser Rückzug ist besiegelt. Ich ziehe Ihr Angebot

vor - vor allen älteren.

Ich gebe Ihnen meinen Vorzug vor allem vor meiner

Vergangenheit. Vorzügliches Angebot von Ihnen für mich.

Vorzüglichen Dank auch.

FASSUNGSLOS – ODER: CARPE DIEM

Diamantenglanz will gefasst sein im Geschmeide wie eine
Melodie im Rhythmus, Meere durch Dämme, Glück in
ahnungsfreier Gewöhnung, Leben am Schopfe.
Überwältigt, überflutet, fassungslos ringen wir um Halt im
Kraftfeld des Lebens.
Mit der Offenheit aller Möglichkeiten sind wir zunehmend
haltlos geworden,
Die Mehrdeutigkeit unserer Erlebnisse lässt uns
schwindeln.
Grenzenloses Hinsehen, das Glück der Weisheit,
Weitet den Blick bis ins Herz der Dinge.
Staunen über den Sinn von Werden und Vergehen,
Die ungefassten Kräfte des Alterns, der Liebe, des Todes
und der Wiederkunft.
Räume für fassungsloses Verfehlen.
Unsere überflutenden Erfahrungen sichern wir in Regeln,
Grenzenloses bändigen wir in den Formen von Familie,
Ehe,
In der Treue durch Schwur und Gelöbnis, Recht und
Ordnung.

Ordnen das Gleichzeitige in ein ausgehandeltes
Hintereinander,
Klammern uns an Zahlen und Wünschen, das Herz der
Dinge zu sichern.
Schrecken vor eigener Endlichkeit im Alter, in Liebe, im Tod
und der Wiederkunft. Versäumnisse dämmern uns in
stillen Stunden.
Ungetanes und Unterlassenes klagen uns an.
Wünsche und Sehnsüchte warten auf Erfüllung in unseren
Träumen.
Die Zeit, die Zeit, wo ist sie geblieben und wie viel habe ich
noch, bevor...
Die Zeit der Krisen, Wendepunkte, Aufbrüche und
Trennungen vor dem Misslingen, Eindeutigkeiten legen
sich wie ein schimmliges Netz auf unser gelebtes Leben.
In der Fassung unseres Vorhabens haben wir uns geirrt, es
gibt andere Möglichkeiten! Also Abrechnen, Aufbrechen,
Lösen, Verlassen und Scheiden.
Also weg! Fassungslos.
Neue Offenheit, neues Leben, neue Partner,
Erweiterte Grenzen, neue Gefühle, neue Pläne
Fliehen die Ahnungen, betäuben besseres Wissen
Über die Enge der eigenen Verfassung.

Unaufgegebene Wünsche nach Ewigkeit finden schnelle Antworten, willige Verbündete.

In der Flucht vor dem Alter soll alles anders, besser, soll noch einmal werden.

Man hat geirrt, Zeit und Liebe vertan, zu viel versäumt. Fassungslos sieht man die Zeit schwinden.

Angst und Eile verstellen den Blick ins Herz der Dinge.

In Fassungslosigkeit gestürzte Verlassene starren auf das Geschehen.

Panik, Angst und Ruhelosigkeit treiben an, weiter in neue alte Engen.

Wir sehen beides verloren: Gutes im Vorigen, Vermeintlich Besseres im Restlichen. Die Endlichkeit verschenkt niemals doppelt.

Sie zwingt unser Daseins, Gutes mit Schlechtem in Ent-Scheidungen zu fassen.

SO EILIG GEWENDET

Ganz zugewandt, neugierig und nahversessen,
Im Sog der erwachten Liebe eingefangen,
Munter und hoffnungsfroh im Leben zugegen,
Bereit, alles mitzumachen, was gerade kommt.
Später emsig und genau im Gang der Dinge,
Sortiert und aufgeräumt, bereit für Neues
Auf dem Weg zu sich selbst hinauf,
Wird die Zukunft angelegt in großen Plänen.
So sprudelt die jugendliche Zeit in ihren Jahren dahin.
Es kommt nicht alles zur Blüte, was gute Wurzeln trägt.
Absagen und Enttäuschungen reihen sich aneinander
Anstrengungen verglühen am falschen Ort.
Tag an Tag reiht sich zur Kette in Diensten,
Denen nicht gedankt wird, die Alltag heißen
Und einfach nur verrichtet werden wollen.
Sie verdauen die Liebe für ihren Lebenserhalt.
Einzelne Sternminuten, Stunden der Erfüllung geben Glanz,
Berechtigen das Hoffen und Warten auf Einlösung
Des selbst versprochenen und ersehnten Lebensweges,
Den zu erreichen die eigenen Kräfte wohl nicht immer
hinlangen.

Langsam senkt sich eine Schranke vor die Zeit,
Die noch bleibt, aufzuholen das Versäumte nach der Mitte
des Lebens. Mit dem Entsetzen, über sehnsüchtige
Abrechnung noch einmal die Zeit anhalten,
Das Rad zurückdrehen und sich neu stürzen ins volle
Leben. So anders, zielorientiert und berechnend, ehrgeizig
und blindgeworden ist sie, Unfair und vorteilnehmend,
rücksichtslos ehrlich, entwaffnend selbstbezogen. Die
Vergangenheit aufgefetzt in einer Geisterbahn des Irrens,
Deren blinde Fratzen schon den neuen Weg begleiten
wollen.
So anders der Blick auf die Dinge, so anders die Sprache
der Hemmungslosen. So fremd die Werte, so anders die
Ziele, so groß die Wünsche in der kurzen Zeit, Die den Kurs
des Sturzflugs aus den alten Höhen für den Rest der Zeit
lenken. Das Oben verwirbelt nach unten, was unten war,
spreizt sich nach oben.
So anders, durcheinander und kopfüber verloren ist der
Blick für das Lebensglück, Von Anfang und Ende, von Gut
und Böse, geopfert der Gier nach mehr als Allem. Man
wird es bekommen, zerstörerisch reichlich und
erschöpfend, bis zur Neige, Bezahlt mit Herzblut,
Einsamkeit und dem ausweglosen Ende verzweifelter Gier.

ZU GAST BEI SICH SELBST

Die Gastgeber seiner Lebensparty sind die Eltern, zu denen er freundlich sein sollte.

Die anderen Gäste sind nur da, weil sie nicht woanders sein können.

Braves Absitzen der Schulzeit, der Kindheit, dazwischen gibt's was zu essen.

Man unterhält sich, die anderen machen das auch, es gehört sich so.

War immer und wird auch weiter so sein. Alle machen das so.

Herrgott, es ist doch sein Leben, was er da absitzt, schon abgesessen hat!

Wie lange noch ist er Gast in seinem eigenen kurzen Leben?

Gastrecht und Gastpflicht maßregeln seinen Umgang mit sich und den anderen.

Guten Tag, freut mich, dich kennen zu lernen auf dieser veritablen Party.

Geht's dir gut? Ja, danke, ich spüre sowieso nichts mehr, es geht ganz gut so.

Was machst du denn so, wenn ich mal fragen darf? Ach so ja, ist auch wahr!

Er sucht nach sich und dem Weg in sein Leben hier im Elternhaus?

Alle Zimmer sind besetzt, die Türen geschlossen, dahinter Stimmen.

Er wäre faul zuhause, aufmüpfig und unhöflich, man macht sich Sorgen.

Nein, nicht über ihn, über seine Wirkung bei den Nachbarn, was die denken.

Er ist zu früh eingeladen worden, ist als erster gekommen und muss nun ran,

Sich sorgen um den nächsten Gast, den seine Eltern gezeugt und eingeladen haben.

Geh mit ihm spielen, unterhalte ihn und tu, was wir dir sagen, sei freundlich.

Jeder neue Tag ein Gastspiel in seinem eigenen Leben raubt ihm die Zeit für sich.

Er spielt sein Leben für die Familie, weil er nirgendwo sonst eingeladen worden ist.

Inzwischen dazwischen älter geworden, will er seine eigene Party haben, heiratet. Gastgeber ist er selbst und zu Gast ist sein Leben im Spiel mit bekannten Regeln.

Braves Absitzen der Ehe, dazwischen gibt's was zu essen.

Man unterhält sich, die anderen machen das auch, es gehört sich so.

War immer und wird auch weiter so sein.

Entwicklungswünsche, lästige Unruhestifter!

Es sei denn, er verlässt dieses Leben als gastgebender Spieler und versucht sich.

Traut sich, streift die krustigen Regeln ab, lebt endlich und wirft die Krücken ab.

Liebt und leidet, freut sich und wird ehrlich, er ist es wert, sich und seiner Zeit.

Schenkt sich, wagt den Widerstand gegen verordnete Abwesenheit von Sinn.

Lässt den Nachbarn ihre Langeweile, die Partys ohne Ende, spielt nicht mehr, lebt.

Das Leben ist keine Party, die Gastlichkeit kein Evangelium der Belanglosigkeiten.

Sein Leben ist keine Einladung als Gast oder Figur guter Darstellungskünste. Er ist eingeladen zur Aufrichtigkeit, Liebe, Entschiedenheit, Zuwendung, Neugier, Anteilnahme, Freude, Gelassenheit, Weisheit, Erkenntnis. Die Wegmarken über seine Zeit hinaus.

HYMNE AN DAS LEBEN

Die Zielflagge seiner Zeit weht schon auf sein Ende hin,
Das alle Freuden bündelt auf einen letzten strahlenden
Punkt.
In ihm wird sich zeigen, was er versäumt haben wird - für
immer.
In dieser Sicht steigert jeder Tag seinen Wert, Zögern ist
blinder Luxus.
Ihm ist die Welt geschenkt, sie jetzt zu nehmen mit
offenen Armen.
Wunderbare Bilder aus geheimnisvollen Breiten unserer
Welt tun sich auf,
Als wenn sie riefen, hinzuschauen und teilzuhaben an der
Quelle des Lebens.
Ein breiter Fluss, ein stilles Tal, die Wüste, die Berge und
Seen, das Meer.
So unermesslich groß und weit, braucht es mehr als ein
Leben, immer mehr. Was er auch sehen wird, es eröffnet
sich nur ein kleiner Teil vom Ganzen.
Wie viel Blut strömt im Rhythmus, wie viel Seele im Klang
der Melodie

Im Innersten seiner Empfindungswelten, wenn er sich erreichen ließe!

Das Herz öffnet sich ohne Angst und herein strömen die warmen Gefühle,

Die vom Geist zeugen, der ihn und alle umfängt, wenn sie das Leben liebten. Alles erscheint weit und zugänglich, alles ist möglich in diesem seltenen Moment.

Freunde und nahe Menschen schenken ihm wieder und wieder Anlass, Teilzuhaben, sich mitzuteilen und zu verbünden, verbunden zu sein.

Sie werden Begleiter seiner Pläne, seines Zweifelns und Gelingens,

Der Sorge, Freude und der Trauer, die ungeteilt in ihm verschlossen bliebe.

Sie öffnen das Tor zu ihm selbst, durch das sein Weg zum Anderen führt.

Er will sich der Welt verschenken, sie vermehren mit Menschen wie ihm,

Damit etwas bleibt von ihm, was weiterlebt und sich entfaltet zu sich selbst.

In der Intimität, die sich ihm eröffnet, spürt er die Kraft.

In den Antworten der Liebe und dem Vertrauen, das er in sie setzt.

Es ist das tiefste und reinste Ja zum Leben, auch wenn es immer zu kurz bleibt.

Die Zielflagge weht schon auf sein Ende hin,

Das alle Freuden bündelt auf einen letzten strahlenden Punkt.

In ihm wird sich zeigen, was er versäumt haben wird - für immer.

In dieser Sicht steigert jeder Tag seinen Wert, zögern ist blinder Luxus.

Ihm ist die Welt geschenkt, sie jetzt zu nehmen mit offenen Armen.

DRAUFHALTEN ODER BEIDREHEN - AUFGEBEN KÖNNEN

Aufgestachelt durch Trotz und Raffinesse
Durch Ohnmacht und Warten müssen.
In langen, wachen Nächten alles mal durchgespielt,
Was bleiben soll, wie es gehen könnte.
Die Verluste summiert und aufgestöhnt.
Jetzt erst recht, er wird es denen zeigen.
Alles ist seins, nichts davon werden sie genießen können.
Alle seine berechtigten Ansprüche auf Ausgleich werden
übereinandergestapelt Zu einem Berg der Zumutung und
des Scheiterns.
Genüsslich wird er siegen.
Irgendwann merkt er dann, dass nichts mehr geht,
Streit und Krieg liegen in der Luft. Langsam wird es eng.
Unruhige Nächte, schlechte Laune, düstere Aussichten am
Horizont
Türmen sich gegenseitig in den Nachthimmel.
Ein Gewitter muss her und alles wegfegen, großes
Reinemachen.
Die anderen können mit Geld sein Leben nicht versüßen,
Nichts wieder gutmachen, schon gar nichts reparieren.

Sie sitzen wie die Maden im Speck und können doch nicht glücklich sein
Über ihren unverhofft erschlichenen Besitz.
Besitz macht trunken, aber Eigentum verpflichtet auch.
Die Hand immer am Schalter ihrer Vergnüglichkeit,
Fernsteuert er ihr Unglück, lenkt er ihre Zukunft
Mit Racheplänen und Forderungen ins Scheitern.
Verliert gar noch seine Ansprüche an die Anwälte.
Im Namen des Volkes: ihr sollt jetzt alle ärmer werden.
Beidrehen, nachgeben, verlustig werden, Kosten übernehmen, Selbstbestrafen und Einsicht zeigen, Ursachen erforschen – niemals.
Sein Stolz zerreibt sich an der Dauer, so viele Jahre hat er auch nicht mehr. Das Rechthaben, ein schönes Gefühl ohne Lebensqualität.
Die herrliche Ruhe nach gelösten Problemen ist unbezahlbar.
Du hast verloren. Du hast nachgegeben. Du hast beigedreht.
Du hast aufgegeben. Du hast zäh gekämpft. Du hast dich verrechnet.
Du hast dich getäuscht. Du hast die falsche Wahl getroffen.
Du hast es nicht dahin bekommen, wohin du wolltest.

Du hast gelernt, dass rechtzeitig aufgeben klüger sein kann.

Lass sie ziehen, ihre Freude und Genugtuung werden sie immer ihm schulden. Denn er hat nachgegeben, weil er ein ehrliches Leben mehr liebt als alles Geld. Beigedreht lässt er die Segel sich erholen vom Sturm der Vernichtung. Schont sein Boot für schönere Touren in ehrlichen Gefilden.

Er hat gewonnen, was er niemals mehr missen möchte – seine letzte Freiheit.

INZWISCHEN - DAZWISCHEN - ABER NICHT MITTIG

KLARTEXT
Drohung oder Ende der Verleugnung,
Ein Bild ohne Rücksicht.
Ungefiltert Wahrheit.
Rücksichtslose Weisung.
Krachende Ansage.
Er kommt mit Ankündigung.
Gekündigt wird alles Drumherum.
Kurz und bündig,
Knall auf Fall.
Ohne Rücksicht auf Verluste.
Klartext selbst steht für die Wahrheit,
Die bisher verschwiegen, verbogen, beschönigt wurde. Er
ist Ausbruch aus einem Verlies,
Das stickig und marode faulte.
Klar und kantig stelzt er sich auf.
Meist verletzt er mehr als gut tut.
Seine Kanten sind scharf und hart.
Der Inhalt textet sich hinein
In das weiche Ohr des Opfers.
Im Gefühl explodiert die Ladung.

Oft entfaltet sich, was nicht sein sollte.

Er seziert die Deckung, räumt auf

Mit dem Versteckten und Verschleierten.

Er macht kurz, direkt und laut

Ein Ende mit der Camouflage.

Darf man das, ist das denn nötig?

Muss das denn jetzt sein?

Kann man das nicht netter oder später sagen?

Etwas mehr Nachsicht hätte doch Erfolg.

Aber NEIN – DOCH – NEIN

VERSÄUMNIS

Vorbei, vorbei, ich sehe nur noch Konturen, spüre die
Wucht der Herausforderung Im Augenblick des Gleichauf –
Seins......

Die offenen Tore, die sich mir boten, hindurch zu schreiten
Und zu verschmelzen mit der Chance, das Richtige zu
sagen, Das Wichtige zu bereinigen, abzulassen vom mir, es
einfach tun. Vorbei, vorbei, der Wind des Zu-Spät weht
zum Hohn mich an.

Wiedergutmachen, Wiedereinholen, um Verzeihung
flehen, zu spät

Den richtige Augenblick, verpasst, verschlafen, verzögert,
verzockt .

Wäre ich bitte auf der anderen Seite, in Gewissheit erlöst
und verbunden mit mir.

Kein Trick, kein Umweg wird die Begegnung erschaffen,
Durch die ich mich hätte einholen können.

Da fährt sie hin mit unerbittlichem Vorwärtsdrang, wird
immer kleiner, gewiss.

Das Schlimmste steht mir noch bevor. Versäumtes vergisst
sich nicht.

Es drängt in den Stunden der Selbstvergewisserung als
Schuld zutage.

Eine Schuld, die durch nichts gebeichtet, gebüßt, oder vergeben werden kann.

Mein Lebenssaldo, gekürzt um meine Versäumnisse, ohne Umstände, mitleidslos.

Keine Erklärungen, Rechtfertigungen, Entschuldigungsbegehren mildern den Gram.

So ist das Leben, an Versäumnissen kann ich ermessen, welche Chancen ich hatte.

Dass es auf den richtigen Augenblick ankommt, für den man wach bleiben sollte.

Unverhofft geschenkt, unverdient kommt dieser Augenblick verborgen im Alltagskleid,

Entfaltet die Botschaft nur kurz und bündig, diskret und direkt und meint dich, ja dich!

Er fordert alles, was du hast, geben könntest, dein ganzes Vertrauen, dich überhaupt.

Versäumnisse sind verpasste Blaupausen deiner Möglichkeiten,

Um die du wenig zu wissen scheinst, weil du sie alle gewahrt und entfaltet sehen willst

Mehr Planung schläfert Vertrauen ein, macht blind für Botschaften des Herzens. Doch, ich spüre sie vor

Versäumnissen, meine Chancen, passend hineinzuschlüpfen:
Die Einladung zur Vereinigung mit dem, der du einmal sein wirst.
Mit dem Älterwerden zählen Versäumnisse schwerer, weil deine Bilanz bevorsteht
Über die Zeiten in deinem Leben und dein Umgang mit ihnen und dir selbst.
Du spürst, wie heilig manches Versäumnis im Herzen aufbewahrt und betrauert wird.
Es sind die große Liebe, die richtige Entscheidung, der passende Moment,
Das versöhnende Wort.
Mancher von uns hofft auf Wiedergeburt, um seine Momente nicht noch einmal zu versäumen

BITTER – SÜSS

So ist Leben eben, süß und bitter zugleich, wir können es
nicht zugleich schmecken, Seine Überfülle erleben wir im
Nacheinander, das Schöne bitte immer zuerst.
Unsere Seele löst aus dem Zuviel die angenehmere Seite
heraus zum Preis
Einer Ahnung der Summen, deren Begleichung
überwältigend sein wird,
Wenn das Leben seine Rechnung aufmacht gegen unsere
versuchte Einfalt.
In der Süße einer gefundenen, geschenkten Geborgenheit
liebender Menschen,
Wie für immer kehrt Frieden ein und Wohlsein breitet sich
aus, endlich angekommen. Die liebenden Augen haben
ihre verklärende Wirkung voll entfaltet.
Alles ist gut, schön, edel, das ersehnte Glück ist greifbar,
bietet sich dar.
Hoffnungen, bittersüßes Wissen darin verborgen, keimen
in die Zukunft hinein.
Also kommt erst einmal Glück zum Zuge, Verliebte machen
sich blind.

Die süße Verschwörung gegen das Zugleich borgt sich Macht.

Gegen bittersüße Gleichzeitigkeit, die uns verstört und den Genuss vergällt,

Den wir suchen, um uns zu verlieren in der Hingabe im Vergessen,

Das alles zusammenbringt in der Erlösung, dem kleinen Tod.

Zuallerletzt, wenn der Tod naht, erhellt unser Leben seine Erkenntnisse darüber, Dass alles zugleich wirkt und webt, was wir so lange auseinandergehalten haben,

Um nicht zu früh Wissende zu werden an der Kostbarkeit der Zeit, die uns bleibt.

Uns zu verlieren in der Illusionen, es gäbe Gefühle ohne Zeit und Grenzen.

Aber gerade hier wartet die Einsicht, die uns loslassen und verzeihen lehrte.

Wer beklagt und hadert, getäuscht und betrogen zu sein, hat etwas bei sich vergessen. Entwickeln, Entdecken, Aufdecken, Herausbekommen, Hinsehen und Hinnehmen. Sich selbst zuerst, die Liebsten und Nächsten ohne Unterlass.

Und dennoch lieben, begehren und verzeihen, zu leben ohne Klagen über Schatten, Die nur werfen kann, der wirklich im Leben steht, die Sonne nicht scheut.

Ein Leben ohne Schmerz ist nur die Hälfte wert, denn das Glück wäre gestaltlos,

Weil es sich nicht unterschiede vom Alltag des Einfältigen, Der Entwicklung scheut, um Schmerz und Bitterkeiten zu vermeiden.

Die Glücklichen, die den Neid fürchten, werden der anderen Seite noch gewahr.

Die Unglücklichen, denen wir nicht helfen können, müssen sich entwickeln.

Die Welt auf Ungerechtigkeit verklagen, die wir ihr immer antun.

Haben wir eine Chance seit der Vertreibung aus dem Paradies?

Oder verzocken wir unsere Erkenntnischancen mit Glücksverlangen jederzeit. Sisyphos eben, eins nach dem Anderen. Bitter und Süß, so geht Leben.

Wuchten wir die Kugel weiter auf den Gipfel, um sie bergab zu verlieren

AUFBRUCH UND WEG

Bruch, brechen, biegen, spalten – es will etwas
auseinander, was zusammen war. Aufbrechen, fortgehen,
verlassen, beenden – Abschied vom Vertrauten.
Die Oberfläche birst und legt Wahrheiten frei – Einsicht in
neueste Vergangenheit. Graben, freilegen, hinsehen,
drehen und wenden – endlich zur Einsicht kommen.
Zuordnen, aneinander reihen, sortieren, loslassen –
Ursachen verstehen lernen.
Was kommt wohl danach? In den Riss weht ein kalter Wind
Samen aus der Vergangenheit in die fruchtbare Einsamkeit
des Aufbruchs.
Wiederholung des Gleichen in neuem Gewand oder etwas
völlig Neues?
Vernarbt sich die tiefe Spalte über dem Aufbruch zu einem
schmerzbeladenen Riss,
Zu einem immer wieder aufbrechenden Schrei nach
Rückkehr ins bekannte Elend.
Aufbrechen, fortgehen, verlassen, beenden. Abschied vom
Vertrauten ist ein neuer Weg, Gewohnheiten aufzugeben,
zu ändern und nach neuen Zielen zu suchen.

Was wirklich sind mein Glück, Zufriedenheit und meine Erfüllung für den Neubeginn?

Wo muss ich beginnen, wohin muss ich gehen, wie weit darf ich es kommen lassen?

Geht das von vorne los oder gibt es eine Chance zur Erneuerung des Herzens?

Fragen über Fragen, die Antworten sind schon längst geschehen - ohne Frage.

Er liebt schon wieder, diesmal freier, offener, ehrlicher und vertrauter mit sich selbst. Liebende Antworten kommen aus der neuen Welt, die ihm offen steht, wenn er sie will. Sicher ist alles neu, verstörend selbstverständlich und betörend sinnlich.

Eigentlich hatte er sich das alles schon jahrelang herbeigesehnt.

Jetzt ist sie da, biete sich an, schenkt sich, schmiegt sich neu, vertraut in sein Schicksal. Legt sich über seine ausgeräumte Wunde, schließt seine Augen im nahenden Glück.

Im Aufbruch gewinnt sie den wachsenden neuen Raum in seinem Herzen

Und legt ihr Herz an das seine, um uns zu wärmen für die gemeinsame Zukunft.

Sie ist Zuversicht, Hingabe, Vertrauen, Lust, Verständnis und Güte in einem.

Der Aufbruch hat sich gelohnt, weil er langsam und beschwerlich, gründlich und ehrlich Viel Zeit gekostet, lange Gespräche gebraucht, Abschiede gefordert hat.

Abschied von einer scheinbaren Versorgtheit, Verlust von errungenen Sicherheiten, Aufgabe von lebenslang gültigen Ansichten und der Einordnung in einer Heimat.

An vielen Fäden hängen noch beschwerliche Erinnerungen an die verlassene Richtung.

Neu und frisch, ja belebend und wendig kommt der neue Wind in seinen reifen Blick,

Um zu vollenden, was so spät erst beginnen durfte.

Freudig begrüßt er die Frische.

In ihr wird erst deutlich, welche alten Lasten abzuwerfen waren, die nun hinter ihm liegen. Frei und beweglich kann er losgelöst von alten Verantwortungen und Bindungen wählen Was gut ist für den Rest der Zeit, die ihm noch einmal geschenkt wird, um endlich zu lieben.

Einsames Gefühl, am Neuanfang zu sein, falls andere schon fast fertig sind.

Wagnis und Chance in einem, Aufforderung und Hinweis auf die Güte des Entwurfs,

Aus seinem Leben das zu machen, wofür sich all die Anstrengungen lohnen werden.

Also gibt es nur diesen Weg hinein ins Leben, im allerletzten Moment geschenkt,

Bevor er der vereinnahmenden Angst vor dem wirklichen Leben erliegen könnte.

WO IST ER WIRKLICH?

Zuerst war ein blinder Flug in großer Höhe der Weg, weit weg vom Kurs Ehrlichen Interesses, offener Gespräche, verbindlicher Werte.

Wohlig füreinander in Fürsorge und Versorgung wie Kinder ohne Heimat, Sturzhöhe war reichlich erarbeitet für Kurskorrekturen im Notfall.

Eine Landung war nicht vorgesehen, man hätte sonst aussteigen müssen.

Der Absturz, die Strandung, der Niedergang drohte aus Mangel an Geduld.

Es fehlten ihnen die Koordinaten der Liebe, des Vertrauens und der Zuversicht. Sie hatten eine Skizze, aber niemand wollte sie noch entziffern.

Die Zeit hatte die Ränder zerfressen, die Konturen verschlissen und gebleicht. Durch Gewöhnung an große Höhe verloren sie ihren Plan.

Das Ende musste kommen, dramatisch verloren sie alle Höhe, schlugen sie auf, niedergegangen, verbogen und demoliert.

Ungefragt nahm sie die neue Beziehungsgeisterbahn mit und weiter.

Schleuderte sie von einer Enttäuschung in die nächste ohne Halt

Über ein riesiges Gebirge von Hoffnungen und verlorenen Wünschen.

Die Fragen stellten sich nach dem Chaos – das selbst gewollt,

Selbst geplant, eingefädelt, mit verursacht und initiiert war.

Diese Fahrt aus großer Höhe die letzten Jahre.

Endlich unten angekommen, die Kasse stand am Ende:

Nichts war umsonst, auch nicht die Erleichterung danach.

Und wo ist er nun? Am Anfang eines Endes, aber bei sich.

Noch alles beisammen, Kopf klar, neue Peilung und einen Plan?

Weg mit dem alten Zeugs von damals, entwertet durch beide Täter.

Erst mal weg von dort, wo alles schimmelte und beulte.

Ein frisches Blatt aufschlagen und eine neue vorsichtige Skizze drauf.

Die Hand zittert noch bei der Reinzeichnung. Alles wird nun ernst.

Keine Zeit zu vergeuden mit Warten auf was denn?

Ihm nah ist ein lieber Mensch, der sich freut mit ihm,

dürfen sie das schon? Mut gehört jetzt in den neuen Anlauf

zu einem kühnen Sprung

In den letzten wunderbaren Lebensbogen des Erkennens.

Werden nichts erfliegen, wo gehumpelt werden muss.

Werden sorgsam ihre Pläne einsortieren in die Zeit, die

bleibt.

Werden hoffen auf ihr spätes Glück, dass es ihnen treu

bleibt.

Werden die lieblichen Hügel suchen und unser Alter

schonen.

Werden allzu gipfelsteile Höhen den jungen Träumern

überlassen.

ANSPRUCHSLOS

Wieder frei, so frei wie noch nie, frei für sich.
Ungebunden, nicht angebunden, ohne Geschirr
Gleitet er in die neuen Tage, die ihm geschenkt
Und finde sich frei und leicht ohne falsche Pflicht.
Das Gute geschieht einfach ohne Müh.

Soweit das Auge reicht kein Anspruch,
Der ihn fesseln oder in die Pflicht nehmen könnte.
Endlich ist eine Ruhe gekommen, die ihn umfängt
Mit ihren warmen Armen, ihn sicher und lieb hält.
Er spürt sein Herz wieder und seine Sehnsucht.
Noch braucht er Zeit zu spüren, was so neu ist in ihm,
Denn ohne die Ansprüche ist auch alles so still um ihn
herum.
Ein Schweigen begleitet ihn in die Nächte ohne Nähe,
Setzt ihn aus in dem Ozean der Möglichkeiten,
Das Schwimmen zu lernen und Neuland zu suchen.
Er darf wirklich wählen, wen er will und was ihn freut.
Er darf, er darf, er kann und will schon wieder ein wenig
Suchen die Tage ohne Liebes-Geschirr und Moral-Geflecht.

Finden die Stunden in Freiheit ohne Schatten der Vergangenheit,
Befreit von gierigen Erwartungsumnachtungen süchtiger Seelen.
Es ist genug gelitten, gegeben und abgepresst von seiner Seele.
Er hat lange genug gewartet und gehofft auf ein gutes Ende.

Jetzt ist die klare Zeit angebrochen, spät genug, um sie innig zu schätzen
Wie einen Krug labenden Wassers und ein Stück Brot aus lieber Hand,
Nach einer wirren Reise durch die Seelen-Wüsten unserer Vorfahren.
Dort sind die Tagebücher voller gnadenloser Erlebnisse unverarbeitet Weitergegeben an uns Nachfahren, zur gefälligen Übernahme bereitgestellt.
Ins Geschirr der Unterwerfung genötigt zur seelischen Sklaverei
Hält sich immer wieder eine gute Seele bereit, als Schattenkind heranzuwachsen.

Sein Zaumzeug der Verpflichtungen zähmt das wilde und freie Wünschen.

Im Malstrom ewiger Bewegungen von Leibern bleibt er stehen und sieht sich

Zum ersten Mal in anderen Möglichkeiten zu leben und auszubreiten.

Sein Herz zu entfalten und dann zu bleiben ohne Auftrag, einfach frei.

Endlich die Schatten, die Vergangenheit der Irrungen ablegen, verlassen,

In einen neuen Horizont sehen und mit frischem Mut den neuen Kurs wagen.

Wieder frei, so frei wie noch nie, frei für sich. Ungebunden, nicht angebunden, ohne Geschirr

Gleitet er in die neuen Tage, die ihm geschenkt

Und finde sich frei und leicht ohne falsche Pflicht.

Das Gute geschieht einfach ohne Müh.

FREI .... VON

FREI..
Zuerst befreit von all den Ängsten.
Was passiert nun gleich?
Schaut er in die Ecke, in der er kauert
Und erschreckt sich,
Wenn er unsere Wahrheit sieht.
Zuerst befreit von all den Befürchtungen,
Sie könnte wieder missverstehen?
Ihre erkalteten Augen sucht er vergeblich
Für eine ehrliche Antwort
Auf seinen fragenden Blick.
Zuerst befreit von all den Hoffnungen
Wird es noch einmal gut gehen?
Zählen sie zusammen ihre Wut
Und teilen sie durch zwei.
Nur die Vergangenheit zählen sie noch weiter.
Zuerst ist jetzt Schluss mit vergeblichem Hoffen,
Aussichtslosen Verpflichtungen, drängendem Wünschen,
Moralischen Appellen, Rücksicht statt Mut.
Ende mit Verständnis, Geduld und Erklärungen.
Ihr Nein zerschmetterte das letzte Vertrauen.

........VON

Dann frei, frei, frei vom Dunst der Heimlichkeiten
Vom Dunkel der berechnenden Verschwiegenheit.
Heraus aus der Furcht vor dem Versagen bei liebendem
Verlangen
Weg von der Sorge um den nächsten Tag, die nächsten
Stunden,
Hinein und zurück ins sprudelnde Leben frischen Fühlens.
Frei für sich selbst erkennt er seine lähmende Dehnung der
Zeit,
Spürt den Atem des Todes an der frischen, sorglosen
Lebendigkeit der anderen. Komm, freu dich doch mit uns,
wie wir leben wollen.
Frei für sich erkennt er die ganze Wärme seiner Liebe ohne
Angst
Frei für uns empfängt er das neugeschenkte Leben.
Frei für Vertrauen, Offenheit und neidlos freudigen
Optimismus
Genießen sie ihre Nähe zueinander als Gabe des
Vergessens

All der Lasten, Irrtümer, Täuschungen und des Verrats von gestern.

Hier und heute, carpe diem, gib dem Tag die Sporen gegen alle alten Zweifel, frei von Angst, rücksichtslos nach vorne, endlich miteinander.

Frei für all die aufgeschobenen Wünsche, Sehnsüchte und Freuden

Frei für mutige Schritte in eine neue Zeit der Taten.

Frei für ein ehrliches Gespräch.

Frei für einen offenen Blick.

Frei und endlich bereit für ein neues Ja.

NACHHER IST ANDERS, JUCHHEE

Noch glaubt er es nicht – aber alles ist anders.
Er ist er und verliert das Früher aus dem Sinn.
Heute ist der Anfang seines wirklichen Lebens.
Was vorher war, es ist vorbei und lässt ihn ziehen.
Kein Winken und Rufen kommt von dort.
Als wenn es gar nicht wahr gewesen sei, so ruht die alte
Last.
Hängt übern Zaun, ausgezogen und weggehängt der alte
Sorgenmantel.
Noch ist er traurig über die schwere Zeit, die in den
Knochen steckt.
Kann´s kaum glauben, dass sie ein Ende haben soll, ohne
ihn.
Es ist so ruhig geworden, kein Gram, keine Pein, alles ist
rein.
Doch ist es seine längste Zeit gewesen, in der er wohnte in
einem Haus,
Das nun zerfallen steht, wie eine Ruine aus besseren
Hoffnungen gebaut.
Er spürt noch guten Willen und Hoffen, aber auch das
Ende, Warten, auf was auch? Zu ist die Tür, kahl die leeren

Räume, Schatten an den Wänden erzählen von früher. Der Geist des Vergessens weht hindurch hinaus in die Ewigkeit. Jetzt ist alles anders, ein neues Sehen befreit ihn aus diesen Zeiten.

Er freut sich über die Erleichterungen des Weggehens und neuen Ankommens

In einem Land von Wohlsein und Verstehen, von Liebe und Vertrauen.

Reif ist die Zeit für ein lebendiges Einsammeln und Aufatmen von Glück,

Das ihm geschenkt wird gegen Ende der Schule seines Lebens.

Die Lehren sind gezogen, es kann beginnen, was in ihm lebendig geblieben ist.

Die Neugier und die Freude an lebendigen, liebevollen Menschen ohne Harm.

Ein neuer Tag mit einem versöhnlichen Ende, ein friedvolles Verweilen in den Stunden, Die ihm neu geschenkt sind, Gutes zu tun und zu spüren, wie frei er sein darf.

Endlich ist die Zeit gekommen, glücklich zu werden bis ans Ende aller Tage.

Es geht ihm schon viel besser, ruhiges Planen mit ausreichenden Mitteln gesegnet. Der Fleiß und die Mühen wandeln sich nun in Wohlsein und Gelassenheit.
Erst jetzt darf er erkennen, wie schön die Liebe ist mit einem Menschen,
Der sich und ihn und die Welt verwandelt in frohen Sinn und gesunden Mut.
Alles ist anders und er ist angekommen, der alte Sorgenmantel fliegt davon.
Es ist wie immer: er muss Verluste hinnehmen und ertragen, wenn er sich geirrt hat. Er muss wertvolle Dinge zurücklassen, um noch wertvollere finden zu dürfen.
Trauer und Schmerz verlassen ihn erst, wenn er losgelassen hat, neu zu finden.
Dann aber ist es wie ein Sturm, der alles blank fegt und den Schatz bloß legt –
An dem er schon Jahre vorher vor Kummer blind hinweggegangen war.

Juchheee! Juchheee! Juchheee!